# EL ABUSO NO ES MI HISTORIA

Un mensaje de esperanza a través de la
destrucción del poder del abuso

Escrito por Victoria Elise Michael

Ilustraciones por Samantha Gustafson

ISBN 978-0-9983601-0-2

Diseño de portada e ilustraciones: Samantha Gustafson

Diagramación: Svetlana Kotova

Edición: Karen Eagle

Fotografía de Portada: Anita Charlton/Shutterstock.com

Traducción al castellano: Carlos Parra

Edición versión en castellano: Areaní Moros

Para distribución mundial. Impreso en los Estados Unidos de América.

www.abuseisnotmystory.com

# Dedicatoria

Recientemente compré un tablero de visualización para mi oficina. Para mí, un tablero de visualización no es más que un lindo corcho, con bellas e inspiradoras imágenes que representan mis sueños y la visión que tengo para mi vida. Buscarlo fue divertido. Me dirigí a un sitio web de ventas de garaje y allí lo encontré: usado, barato e ignorado, y con un singular marco tipo campestre. Me pareció perfecto y, con mucho entusiasmo, lo compré por tan sólo 15 dólares. Compré ese tablero porque me pareció que tenía mucho potencial. Después de todo, en él incluiría mis más profundos deseos. Confiaba en que el marco de madera podría adaptarse a cualquier ambiente con sólo una pequeña capa de pintura. El tablero era único, divertido, y una solución perfecta para mi proyecto.

Este libro está dedicado a todas aquellas personas que han visto algo único, divertido, prometedor y especial en mí. A veces en la vida se hace necesario cambiar de lentes para mirar las cosas desde una perspectiva distinta. A veces, esta nueva perspectiva nos permite reconocer lo especial que es nuestra esencia.

Justamente así ha sido mi viaje personal. He cambiado mi perspectiva para vivir dentro de las decisiones que yo misma tomo. He reconocido que mi esencia es especial.

No puedo agradecer aquí a todos los que han creído en mí. Son muchos, y me siento agradecida con cada uno de ellos. Pero sí quisiera reconocer especialmente a cuatro personas.

Charlotte es mi consejera, amiga, motivadora, mentora y casi cualquier otro adjetivo positivo que puedas imaginar. Le dije a Charlotte que este libro se siente como una larga nota de agradecimiento. Sería imposible describir su maravillosa contribución a mi vida en un par de párrafos, pero leerás más sobre esta contribución a lo largo del libro. Experimentarás pequeñas perlas de su sabiduría y aporte, a medida que las palabras te irán desafiando a crecer. Gracias, Charlotte, por ayudarme a cambiar mi vida y creer en mí.

Carolyn es mi eterna mentora, amiga, motivadora espiritual y mucho más. Escucharás un pedazo de su historia —su decisión de invertir en mí— en el capítulo de los "inversionistas emocionales". Vivir la vida con ella y aprender de su sabiduría ha sido una bendición que trasciende mis expectativas más grandes.

Finalmente, quiero mencionar a los grandes amores de mi vida: David y Lizzy. No podría imaginar a dos niños más especiales. Ellos aman sin ataduras, viven sin complejos, dan sin condiciones y comparten sin límites. Son todo lo que una madre podría pedir de sus hijos. Son un maravilloso regalo de un Dios amoroso.

En este libro leerás sobre muchas personas que se han interesado profundamente en mí. Yo también me intereso profundamente en ellos. Algunos no son mencionados en el libro, pero los amo sinceramente.

A medida que comparto contigo fragmentos de mi historia, lecciones que he aprendido y luchas a las que me he enfrentado, también estoy compartiendo partes de mí misma, de mis amigos y de mi Dios. Esta es una pequeña manera de compartir contigo todo el amor que me ha sido mostrado.

¡Disfruta!

# Tabla de Contenidos

EL ABUSO NO ES MI HISTORIA

# Introducción

Este libro es un viaje muy personal. Sin embargo, uno que es común a muchos sobrevivientes de abuso. Es el viaje de encontrarte a ti mismo. El viaje para determinar de qué se trata tu historia, tu vida. Este es el camino a la sanación del alma. Es el viaje del poder. Es la manera para encontrar y experimentar la verdadera libertad.

Mi esperanza es que me acompañes en este viaje. Sanar es a menudo difícil, pero siempre vale la pena el esfuerzo. A medida que tratemos de comprendernos a nosotros mismos y liberarnos de un pasado definido por las decisiones que alguien más tomó para hacernos daño, creceremos. Aprenderemos a soñar, a tener esperanza y aceptar a la persona que estamos destinados a ser.

Este libro recorre cinco logros significativos. El primer logro es aferrarte a la esperanza más allá de tu experiencia. En los capítulos 1 y 2 nos daremos la libertad de no seguir siendo definidos por las decisiones que alguna vez se tomaron por nosotros. Enfocaremos intencionalmente nuestros pensamientos en las decisiones que sí hemos tomado. Celebraremos que tenemos la capacidad de convertirnos en quienes fuimos creados para ser.

En el logro número dos, trabajaremos para crear el tipo de relaciones interpersonales que nos apoyarán en el viaje de sanación. Exploraremos las complejidades de la amistad, así como el tipo de relaciones de orientación y consejería que nos pueden ayudar. Entenderemos por qué estas interacciones son importantes y alentadoras en nuestro camino hacia la luz.

En el tercer logro, trabajaremos para crear una atmósfera que facilite el crecimiento. Experimentaremos la libertad de celebrar los pequeños cambios que ocurren en nuestras vidas. Reconoceremos que el cambio a menudo empieza en el corazón de una persona, no en sus acciones, y estableceremos límites que promuevan entornos saludables de crecimiento personal.

En el cuarto logro, trataremos de entender nuestro propósito. Somos amados y merecemos amor. Somos especiales y únicos. Nuestro viaje nos llevará a reflexionar sobre la relación de amor que tenemos con nuestro Padre Celestial. Reconoceremos la ira, el dolor, la culpa y la tristeza. Seremos sinceros y pediremos por nuestra sanación. En el logro final, el quinto, evaluaremos nuestra propia historia. Soñaremos con nuestro futuro y nos sentiremos cómodos siendo nosotros mismos. Aprenderemos que el crecimiento es una travesía muy gratificante y que dura toda la vida.

Espero que me acompañes en este viaje y que te traiga tanta libertad como me la ha traído a mí. Lo que mi corazón más deseaba era sanar, y necesitaba ayuda para eliminar los obstáculos que me impedían ver cómo podría ser la sanación. Mi meta al escribir este libro era mostrarme tal como soy: real. He sufrido. He luchado. He vencido. Hoy, he encontrado mi historia. La definen las decisiones que *yo* estoy tomando, para vivir mi vida *hoy*; una vida de libertad, en la que me acepto como un ser único y digno de amor. Soy diferente y especial. No estoy limitada por mi pasado.

Finalmente, este libro tiene la intención de desafiarte. Cada capítulo te pedirá que consideres algo nuevo. En la mayoría de ellos se te invitará a realizar algún ejercicio que te ayudará a internalizar el concepto manejado. Al final de cada capítulo encontrarás actividades de reflexión en forma de diario personal, para que evalúes por ti mismo, la importancia del concepto presentado.

Te animo a ser completamente personal y honesto. Este es tu viaje y tu oportunidad para sanar y crecer. Invierte toda tu energía en evaluar lo que el capítulo realmente significa para ti.

# Consideraciones profesionales

Charlotte Cone recibió su Licenciatura y Maestría de la Universidad de Arkansas Central y su Doctorado en Educación, de la Universidad de Memphis. Sus títulos son en Inglés, Servicios de Consejería y Administración en Educación Superior. Como educadora, enseñó por 34 años en la educación superior en instituciones de dos y cuatro años. Durante los últimos 14 años, ha ejercido como consejera en el sector privado y continúa viendo clientes a tiempo parcial, con planes de jubilarse en 2018.

UN MENSAJE DE CHARLOTTE:

La autora de este libro es alguien a quien he atendido y aconsejado durante varios años. Ella es una sobreviviente de abuso. Creo que podrás reconocer en su historia a una mujer que se sabe segura de sí misma, fuerte, inteligente y muy trabajadora. Es una mujer con un genuino amor propio.

Más allá de eso, ella compartirá contigo los grandes obstáculos que enfrenta una persona que ha sufrido de abuso –tanto los internos como los externos–. Ella decidió incorporar en este libro un diario de ejercicios guiados, para que puedas experimentar algunas de las técnicas que ella y otros han utilizado para superar el abuso. Si lo que estás buscando es una solución fácil y sin esfuerzo a los problemas, o una cura mágica al dolor de tu experiencia, este libro no te ayudará.

Pero si deseas comprender el maltrato desde una perspectiva personal y aprender técnicas muy valiosas con las que puedes ayudarte a ti mismo y a los demás, creo que encontrarás el enfoque de este libro muy útil, profundo y revelador. El abuso es un tema difícil de abordar, seas tú la víctima o conozcas a alguien que lo haya sido. Si este libro logra al menos una cosa, será darte esperanza. El abuso sí se puede superar.

# Logro 1:

# LA ESPERANZA MÁS ALLÁ DE TU EXPERIENCIA

# Capítulo Uno: El Abuso No es mi Historia

He querido escribir mi historia durante años. En el fondo de mi corazón, anhelaba contar una historia que permitiese a los sobrevivientes de abuso sentir esperanza. Pero esa no fue mi experiencia. Mi experiencia fue otra. Una muy oscura y que parecía no tener fin. A veces, no había esperanza, solamente una lucha diaria por sobrevivir.

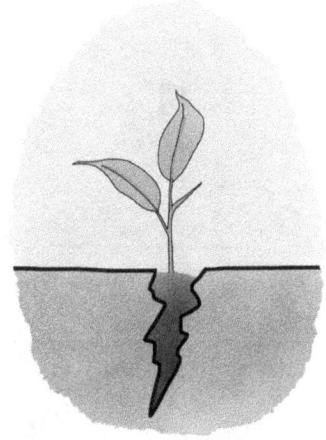

Todavía no he encontrado el final de mi historia, pero encontré el principio. Y cuando lo encontré, descubrí luz y esperanza. Finalmente descubrí que podía estar viva, y no simplemente sobrevivir.

Comencemos desde el principio, donde este viaje de sanación empezó. Encontré esperanza cuando finalmente comprendí estas tres verdades:

1. El abuso no es "mi historia."
2. "Mi historia" es creada por mis decisiones.
3. Yo no tomé la decisión de sufrir de abuso.

Sí, estos conceptos pueden parecer básicos. Pero si realmente los *comprendes*, cambiarán tu vida. Comprenderlos quiere decir que no sólo los entiendes con la razón, sino con el corazón, y que estás plenamente convencido de que son verdad. Voy a desglosar cada uno de ellos. Quiero desafiarte y animarte a que realmente los comprendas.

Pero tengo que ser honesta. No tengo una varita mágica. Y también te confieso algo: no creí estas afirmaciones la primera vez que las escuché. Es posible que no las haya creído la centésima vez que las escuché. Pero un día las creí y, hasta el día de hoy, lo sigo haciendo.

El viaje es largo y el proceso de sanación te fuerza a enfrentar dolores que podrían abrumarte. Pero sí hay esperanza para ti. Sí hay un futuro para ti. Sí puedes ser salvado. La vida puede comenzar.

Algunos días después de haber realmente comprendido esta revelación, una analogía se formó en mi alma. Esta analogía es una imagen bastante descriptiva de lo que me sucedió y me encantaría compartirla contigo.

*Toda mi vida sentí como si estuviera oculta bajo el inmenso bloque de concreto de una casa.*

La suciedad y el deterioro me rodeaban, envolviendo mi cuerpo por todos lados. Pero creía que encima de ese concreto, la gente *vivía*. Podía escuchar el ruido y los pasos. Algunas veces corrían porque estaban ocupados. Otras veces bailaban porque estaban felices. A veces incluso pisoteaban con ira. Pero *vivían*. Yo no estaba *viviendo*.

Por momentos intentaba alejar la suciedad que me sepultaba. Yo también quería correr y bailar y gritar. Pero la suciedad no hacía ruido al caminar. Otras veces, simplemente me daba por vencida. Aceptaba con total resignación que la suciedad y el deterioro eran inevitables en mi vida y me enterraba aún más en ellos.

Finalmente, el bloque de concreto se fue deteriorando con el tiempo, lo que permitió que una pequeña grieta se formase en su superficie. Y mi creencia de que sobre este inmenso y pesado bloque de concreto existía *vida,* se confirmó. Aunque, vista desde mi pequeña grieta, aún no podía entender de qué se trataba, ahora sabía que sobre el concreto, la vida estaba *sucediendo*.

Necesitaba una grieta más grande. Luché años sin tregua para aumentar su tamaño. Finalmente, algunas personas se dieron cuenta, a través de la grieta, de que yo existía. Trataron de ayudarme, pero no lo consiguieron. Por lo tanto se convirtieron en mis "porristas", o amigos *motivadores*. Debía destruir el bloque de concreto yo misma.

Llegaron los motivadores. Al principio era uno, luego dos, luego diez y luego más. También apareció otro tipo de persona: el *inversionista emocional*. Estos inversionistas plantaron semillas en la grieta. Dijeron que las semillas podrían crecer y expandirla. Las semillas fueron aumentando mi esperanza y lograron sanar pedazos de mi alma llenos de suciedad y deterioro. A veces los pedazos se ensuciaban de nuevo y yo dejaba de luchar. El trabajo era demasiado grande y el dolor aún más. Otras veces, luchaba con todas mis fuerzas y trataba de aceptar tantas semillas como pudiese. El viaje fue largo; el concreto era pesado y agobiante. Además, la luz que pasaba a través de la grieta a veces se tornaba casi transparente. No podía verla.

Pero con el tiempo, el concreto empezó a agrietarse en más lugares, lo que me permitió ver con mayor claridad la vida que existía allí arriba. Era una sensación muy extraña, porque vivir encima del concreto era lo que más deseaba y sin embargo, estaba muy asustada. Pero seguí luchando. Finalmente, un taladro de gran potencia pudo romper el inmenso y pesado bloque de concreto. Era el momento de tomar la decisión de salir de la suciedad.

El taladro apareció porque finalmente había comprendido. Fue una revelación en el fondo de mi corazón —la revelación de que yo no había decidido nacer en medio de la suciedad y que mis decisiones construían mi historia— la que le dio poder al taladro. Esta hermosa revelación me aseguraba que, si yo deseaba experimentar la vida encima del concreto, lo podía hacer.

Había empezado a elegir mejor desde años atrás. Había luchado por romper el concreto. Las grietas habían aparecido porque yo estaba segura de que valía muchísimo más que toda esa suciedad y deterioro. También había aceptado las semillas curativas de mis inversionistas emocionales e hice el esfuerzo por abrir más grietas para que la luz les ayudase a crecer. Mi historia fue creada por estas decisiones que tomé. Sin embargo, yo no tomé la decisión que por tantos años me obligó a luchar contra el concreto. Por eso, con una exhalación profunda y un fuerte grito, liberé de mi interior un poder inquebrantable que entró en erupción a través de las grietas, impulsó el taladro eléctrico y destruyó el pesado y agobiante bloque de concreto.

Por primera vez, la luz apareció. Era maravillosa y sus rayos calentaban tenuemente mi alma, haciéndola sonreír. Cuando empecé a moverme, todo el polvo y la suciedad que me acompañaron durante tantos años, cayeron de mi cuerpo. Ya no estaban adheridos a mí. Me sacudí con fuerza y recordé que la suciedad no había sido decisión mía. Ahora tenía una nueva vida, y era creada por cada una de las decisiones que sí lo eran.

Empecé a caminar, pero aún no escuchaba pasos. Me di cuenta de que no estaba caminando sobre el concreto, sino sobre algo muchísimo más hermoso. Las semillas habían empezado a germinar y ya estaban dando los primeros brotes. Brotes de árboles, de flores y de hierba. Todas las semillas que había plantado también estaban experimentando la libertad de ser lo que su destino les dictaba. Lo que alguna vez fue suciedad y deterioro se había convertido en esplendor; en una nueva vida, una nueva oportunidad... en esperanza. Esta era mi vida y reflejaba la belleza de mis decisiones. Este fue el punto de partida; el día en que mi vida se convirtió en mi sueño.

Aún guardo algunos pedazos del sucio concreto. Pero no lo hago porque sean parte de mi nueva historia. No lo son. Mi historia es creada por mis decisiones. Yo no decidí crear el pesado concreto y verterlo sobre mí.

¡Pero sí lo rompí! Es por esta razón que guardé los pedazos sucios. Me recuerdan que puedo vencer cualquier obstáculo y me convierten en prueba viviente de que otros también pueden hacerlo. Por último, estos pedazos de concreto me recuerdan la importancia de las semillas, de los amigos motivadores y de los inversionistas emocionales. Y sobre todo, del poder de la esperanza.

A lo largo de este libro, quiero compartir contigo las tres verdades que guían mi vida. Cada una de ellas tiene un poder increíble. Y cada una de ellas tiene una importancia vital.

EL ABUSO NO ES MI HISTORIA.
MI HISTORIA ES CREADA POR MIS DECISIONES.
YO NO TOMÉ LA DECISIÓN DE SUFRIR DE ABUSO.

A veces te mostraré algunas piezas del concreto. Pero el concreto no es mi historia. Comparto estos pedazos rotos para animarte y dejarte saber que no estás solo. Comparto estos pedazos rotos para decirte que no estás atrapado, ya que el concreto se puede romper. Comparto estos pedazos rotos para que puedas tocarlos y darte cuenta de que ya no tienen el poder que alguna vez creíste.

Tal vez aún te sientas contaminado por la suciedad, o estés completamente convencido de que el concreto es inquebrantable. Estoy aquí para recordarte que el concreto tarde o temprano empieza a agrietarse y que el tuyo también se agrietará y se romperá en pedazos. De esta manera, podrás sacudirte la suciedad como lo hice yo. Y cuando la luz te alcance, cuando te envuelva por completo y se apodere de tu alma, sabrás que valió la pena luchar por tu historia. Tú vales la pena. Por lo tanto, ¡vamos a luchar!

**Actividad con tu Diario**
Pasa a las páginas 25-26 y reflexiona sobre los conceptos 1, 2 y 3

# Capítulo Dos: Grietas

El abuso no es mi historia, pero sí fue mi experiencia. No puedo recordar exactamente la edad que tenía cuando fui abusada por primera vez, pero puedo decirte que a los cinco años ya creía que el abuso me definía. La suciedad y el deterioro en mi vida eclipsaban las demás partes de mi ser. El abuso definía mi comportamiento y mis amistades, o en mi caso, la falta de ellas. El abuso entorpeció mi desarrollo. Se incrustó en mi alma y me convenció de que mi vida no me pertenecía. En realidad, yo no tenía una vida. Si la historia de una persona es creada por sus decisiones, entonces mi historia no existía. Yo era muy obediente y jamás tomaba decisiones propias. Simplemente obedecía por miedo. Y al no tener una historia, aprendí a creer que mi experiencia era mi historia.

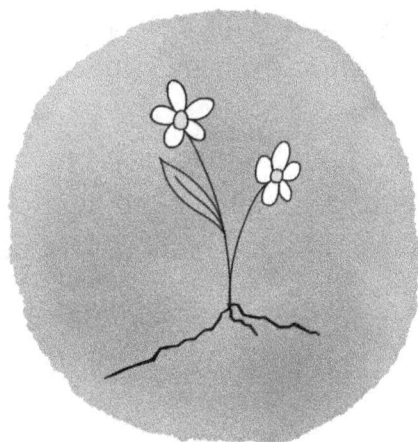

Vivir debajo del concreto me definía. Aprendí a creer que era un ser sucio, invisible y completamente separado del resto de los mortales. A medida que mis huesos se deterioraban en medio de tanta suciedad, aprendí que sólo una cosa era constante: el dolor.

En el primer grado, todas las creencias acerca de mí misma fueron confirmadas en un sólo instante. El día comenzó como cualquier otro. Fui a la escuela, ocultando mi dolor y utilizando la falsa sonrisa que había sido entrenada para llevar. Las cosas transcurrieron de manera normal, hasta el receso. De alguna manera, me lastimé mis partes íntimas en uno de los juegos del patio. En ese instante, supe que mi secreto había sido expuesto. Mi cuerpo expulsó algo de sangre. A pesar de toda la práctica que tenía para mentir, no estaba preparada para contar esa historia. Así que permanecí completamente en silencio, hasta que me enviaron a casa. Pero allí, en vez de recibir ayuda, fui cubierta de más suciedad.

Cada vez más separada de la vida que creía que existía sobre ese concreto, mi aislamiento se profundizó. Probé la suciedad que había entrado a mi alma y comprendí que yo nunca sería más que eso: suciedad. Sabía que llegaría el día en el que moriría sin que nadie preguntase por mí o se preocupase por mi situación.

Esta fue sólo una de las muchas experiencias de mi vida. La realidad de mi experiencia es que me tomó 38 años poder escapar de las garras del abuso. No tenía razón para pensar que la vida pudiese ser distinta.

Si has experimentado abuso, hay algunas características comunes que están relacionadas con la sensación de suciedad. Una de ellas es que la suciedad te lleva a aislarte. Es posible que creas que el aislamiento es el único mecanismo de defensa que te mantiene con vida. Sin embargo, estoy aquí para decirte que esta es una gran mentira. El abuso ocurre en la suciedad y es a menudo ocultado de los demás por un pesado bloque de concreto. Para escapar de ella, debes comenzar a agrietar este bloque. La primera grieta es la más difícil de formar. Puede ser que ni siquiera hayas tenido la intención de formarla en primer lugar. Esa fue mi historia.

En mis veintes, el deterioro ya me había vencido. Había dejado la universidad, ya que el ambiente se había convertido en algo que no podía manejar. En el dormitorio, la gente usualmente recordaba alegremente las historias de su infancia. Se formaban amistades. Surgían relaciones. Los sueños y las metas eran temas frecuentes de conversación. Pero todas estas cosas no hacían parte de mi vida. Mi vida consistía en sentirme sucia y estar aislada. Ese bendito bloque de concreto era demasiado grande e incómodo. Era muy poderoso. Tanto, que simplemente permití que su fuerza me hundiese más y más bajo la tierra.

Mi técnica de aislamiento favorita era estudiar. Al final de mi primer semestre, mi compañera de cuarto quería mudarse. No podía lidiar con mi suciedad. Me sentí herida y profundamente rechazada, lo que me empujó a aislarme aún más. Al final de mi segundo semestre, había confirmado en mi mente que el deterioro era permanente. Había sido aceptada en una hermandad de universitarias, pero la abandoné porque sentía que no encajaba. Me sentía diferente y, en realidad, lo era. Había tenido una relación con un chico, pero también lo dejé porque me sentía incapaz de amar. Seguía escuchando relatos de cosas con las que yo simplemente no podía identificarme. Así que renuncié. Renuncié a todo y le abrí las puertas a la suciedad para que me cubriese completamente. Y así lo hizo. A través de una enfermedad inexplicable.

Durante días, me desmayaba cada vez que pretendía caminar más de dos pasos. También me temblaba el brazo sin control. Además, yo misma había ayudado a que la suciedad me sometiese con mayor facilidad, al no alimentarme bien durante la mayor parte de ese primer año de universidad. Finalmente, me hospitalizaron por unos días, pero los médicos no encontraron causa alguna que pudiese explicar mis síntomas. Aun así, mi cuerpo estaba dejando de funcionar. Ya la decadencia era casi completa. Los médicos me recomendaron ayuda psiquiátrica y evaluación, pero eso nunca ocurrió. En vez de eso, fui trasladada a un nuevo ambiente y una nueva capa de concreto fue vertida sobre mí para asegurar que nunca nadie pudiese ver mi descomposición de nuevo.

Esa no fue la primera grieta en mi concreto, pero fue el evento que condujo a su formación. La grieta se formó en una iglesia. Entré cubierta de tierra, a pocos minutos de tomar la decisión de permitir que la suciedad tapase mi nariz y boca para terminar con mi agonía. Por alguna razón, ese día acudí a la iglesia. Me senté en la fila de atrás porque era eso lo que me exigía mi necesidad de aislamiento. Pero ese día, algo inesperado sucedió. Lloré. La verdad es que no era algo normal. En realidad, estaba orgullosa de no haber llorado en años y años. Llorar significaba sentir algo. Yo no sentía nada. Pero ese día, lloré. Y mis lágrimas arrastraron una pequeña cantidad de tierra, que a su vez descubrió una delgada grieta en el concreto.

Una amiga motivadora, que más adelante se convertiría en inversionista emocional, logró notar mi presencia debajo del bloque de concreto y me confirmó que existía vida del otro lado. Este indicio de una mejor vida, y el rayo de luz casi invisible me dieron la esperanza suficiente para empezar a crear mi plan de escape.

¿Sería posible escapar de tanta tierra? ¿Podrían revertirse el deterioro y la suciedad que me consumían?

Si en este momento estás viviendo en medio de la tierra y soportando el peso de un bloque sofocante, te muestro estas piezas de mi concreto por una razón. Mi concreto ya está roto y creo firmemente que el tuyo también puede romperse.

El abuso no es tu historia. Tu historia es creada por tus decisiones. Tú no tomaste la decisión de sufrir de abuso.

En este capítulo, te he presentado tres piezas de concreto. No fue sino hasta la tercera pieza de mi experiencia que una grieta se formó. Sanar implica tomar riesgos, y a veces, es difícil encontrar amigos motivadores. En mis dos primeras historias, una grieta debió haber aparecido. Alguien debió haberse preocupado lo suficiente por mí como para ayudarme. Pero nadie lo hizo. No sé si se asustaron con tal cantidad de tierra o simplemente pudieron ver que mi vida estaba demasiado sucia, y se alejaron. Pero esos días no fueron victorias. Fueron derrotas que me aislaron aún más de los demás.

Y es aquí donde comienza tu lucha. Sé que dentro de ti existe la firme creencia de poder alejarte de la suciedad. Quiero decir, vivir y experimentar realmente la luz. Tal vez te abandonaron en la suciedad desde la infancia. Tal vez hoy en día puedes "funcionar", pero así como cargas con tu suciedad —tu bloque de concreto— también cargas con la firme convicción de querer vivir.

Vamos a dar el primer paso ahora mismo. Necesitas crear una grieta. Necesitas limpiar un poco de esa suciedad que llevas en el corazón, para que así, alguien pueda notar que existes debajo de ese bloque de concreto. Es momento de creer en ti, porque lo vales y lo mereces. Hoy, encuentra a alguien con quien puedas compartir tu experiencia. No tienes que volver a sentir las emociones de la experiencia. Es posible que no estés listo. Pero las palabras tienen poder. El simple hecho de pronunciarlas, rompe el silencio. Enunciar tu experiencia podría acabar con algo de ese insoportable aislamiento que tu experiencia te ha impuesto; podría remover suficiente tierra para desestabilizar un poco el pesado bloque de concreto.

¿Podría ser hoy el día en que se forme tu primera grieta?

Si no recibes ayuda la primera vez que revelas tu experiencia, como pasó conmigo, recuerda esto: amigos motivadores e inversionistas emocionales son difíciles de encontrar. Pero tú vales el esfuerzo para tratar de hallarlos. Ellos te desafiarán, te alentarán y quizás te ayudarán a creer que en algún punto, una nueva vida puede comenzar. A su vez, tú los inspirarás. Verán en ti lo que realmente significa luchar y tu esfuerzo cambiará sus vidas para siempre.

Contar tu experiencia no es contar tu historia. El abuso no es tu historia. Tu historia es creada por tus decisiones. Tú no tomaste la decisión de sufrir de abuso.

Contar tu experiencia es tu decisión. Tomar el primer paso para romper el concreto, también lo es. Lo vales.

**Actividad con tu Diario**

Pasa a la página 27 y reflexiona sobre los conceptos 4 y 5

# Actividad del Logro 1 con tu Diario Personal
## La Esperanza más allá de tu Experiencia

Muchas víctimas de abuso luchan para encontrar esperanza. Su experiencia del abuso es una carga demasiado pesada y los separa de la vida que anhelan tener.

El primer logro se centra en procesar tu experiencia y enfrentar el dolor que te ha mantenido cautivo.

### Concepto #1: El abuso no es mi historia

¿Cómo ha influido el abuso en tu vida? Toma unos minutos para escribir tus pensamientos.

_____

_____

_____

_____

_____

_____

_____

_____

_____

_____

_____

_____

_____

_____

_____

## Concepto #2: Mi historia es creada por mis decisiones

¿Has tomado la decisión de buscar ayuda y sanar? Declara aquí tu compromiso a romper el poder que el abuso ha tenido sobre tu vida.

_____

_____

_____

_____

_____

_____

_____

_____

_____

## Concepto #3: Yo no tomé la decisión de sufrir de abuso

Piensa en las acciones de aquel o aquellos que abusaron de ti, y escribe tus emociones y pensamientos. A medida que lo hagas, elimina cualquier mentira que se te haya dicho para hacerte creer que el abuso que sufriste fue tu culpa, o tu responsabilidad.

_____

_____

_____

_____

_____

_____

_____

_____

## Concepto #4: Nadie me ayudó

Identifica todas las maneras o situaciones en las que la gente a tu alrededor no te ha ayudado. ¿Cómo te afectó el dolor de esa experiencia? ¿Cómo han afectado estos sentimientos tu capacidad para sanar?

_____

_____

_____

_____

_____

_____

_____

_____

_____

_____

## Concepto #5: Encontrando las palabras para hablar de mi experiencia

¿Cómo describirías tu experiencia con el abuso? Describe esta experiencia como si la estuvieses compartiendo con un amigo o amiga de confianza.

_____

_____

_____

_____

_____

_____

_____

_____

_____

_____

# Logro 2:

# TUS ALIANZAS EN EL VIAJE DE SANACIÓN

# Capítulo Tres: Amigos Motivadores

Mis amigos motivadores me han ayudado a transformar mi ser. Sus roles han variado mucho, desde los motivadores que simplemente me han permitido experimentar la vida junto a ellos, hasta los que han llorado conmigo y me han recordado que tarde o temprano el concreto se rompería.

He encontrado que la parte más difícil de tener amigos motivadores en mi vida, ha sido el permitirles ser parte de ella. El concreto tiene la horrible capacidad de aislarte de los demás y la suciedad se encarga de distorsionar tu imagen propia. Enfrentar estos obstáculos mientras me hacía lo suficientemente vulnerable como para tener un amigo motivador era algo que desafiaba toda lección que mi concreto y suciedad me habían enseñado.

Pero es la *vulnerabilidad* el punto de partida de esta conversación.

Déjame ser clara. No te estoy diciendo que le cuentes a cada uno de tus amigos motivadores sobre tu experiencia. La vulnerabilidad a la que me refiero puede ser algo tan básico como hacer contacto visual con alguien, o algo tan difícil como escuchar a tu amigo motivador hablar de su infancia mientras luchas con el miedo en tu corazón de que te pregunte sobre la tuya.

Vamos a establecer un plan. Ante todo, quiero definir claramente lo que creo que es un *amigo motivador*.

Un amigo motivador no necesita dejar caer semillas en medio de las grietas de tu concreto. Es más, es posible que contarle tu experiencia a uno de ellos sea más de lo que pueda procesar. Esto no quiere decir que no se preocupan por ti, simplemente tu experiencia puede ser demasiado intensa para que ellos la puedan interiorizar fácilmente.

Por favor comprende... ¡está bien! Los amigos motivadores no son tus consejeros. Tampoco tienen que ser ese "paño de lágrimas" a quien le expresas todas tus emociones. Ellos son amigos. Son personas que pueden mirarte y ver la suciedad que aún te rodea, sin embargo, su atención está en animarte y aceptarte tal como eres. Pueden ser y serán tus amigos exactamente en el momento en el que estás. Cuando pasas tiempo con un amigo motivador, empiezas a descubrir que su definición de ti se encuentra en ese momento, no en tu pasado o en tu situación.

Tener amigos motivadores en mi vida siempre ha sido difícil. Con frecuencia, ellos veían una mejor versión mía de la que yo misma me permitía ver. Para ser amiga de un motivador, debí tomar la decisión consciente de permitirme existir en el momento y disfrutar de los eventos que ahí ocurrían. Esta no fue la manera en la que mi suciedad me enseño a funcionar. Mi suciedad me llevaba a observar mi entorno y ver sólo una cosa: más suciedad.

Mis amigos motivadores y yo hacíamos cosas "normales" juntos. Íbamos de compras, a cenar, a nadar y asistíamos a las actividades de nuestra iglesia. Experimentábamos la vida, en ese momento. A medida que me iba permitiendo vivir en el momento con ellos, la esperanza empezó a surgir en mí. Ellos podían ver una versión de mí que yo quería que existiera —una amiga divertida e interactiva—. Sin embargo, mi suciedad aún me decía que debía permanecer aislada e infeliz, por lo que enfrentar estas dos versiones de mí misma fue quizás el mayor obstáculo a la hora de encontrar amigos motivadores.

Encontrarlos también puede ser difícil por otras razones. Mi consejo para encontrar amigos motivadores se divide en tres. Primero, reconoce que tus amigos motivadores, como cualquier otro amigo, pueden ser temporales. Ellos no tienen la obligación de sellar un compromiso de amistad contigo de por vida.

Encontré a muchos amigos motivadores por medio de intereses temporales. Podía ser que trabajara ocho horas al día con algunos. A otros los pude conocer mientras hacía deporte. Unos asistían a mi iglesia, y con otros compartía mi interés por la comunidad.

Comienza tu búsqueda a través de una evaluación de tu vida. No encontrarás amigos en el aislamiento, así que trata de involucrarte en actividades que te lleven a salir de casa y socializar. ¿Trabajas? ¿Haces parte de un equipo deportivo? ¿Asistes a una iglesia? ¿Puedes realizar alguna de estas actividades?

Empieza en alguno de estos lugares mencionados. Comienza con algo pequeño. Una sonrisa compartida con un colega en el trabajo puede ser un gran primer paso. Algún día, esa pequeña sonrisa puede transformarse en una conversación, y después en una invitación a almorzar. La mayoría de mis amigos motivadores no tiene conocimiento de las experiencias que comparto en este libro. Puede ser que nunca les haya contado intencionalmente, o que haya sentido mucho miedo de hacerlo. Algunos otros saben de mi experiencia, pero ese no es el foco de nuestra amistad.

En cualquier caso, mi amigo motivador pudo haber visto algo de mi suciedad y de mi concreto a través de un comportamiento extraño que yo ni siquiera había notado. El punto es que a pesar de este comportamiento, mi amigo motivador se convirtió en mi amigo igualmente. Nuestra amistad se basó en ese momento y no en mi pasado.

Una de las cosas que más me costó aceptar fue la temporalidad y la profundidad en las relaciones. Había pasado tanto tiempo debajo del concreto que estaba hambrienta por amistades. Luché una intensa batalla interior para conectarme y desconectarme al mismo tiempo. Mi cabeza me decía que nadie sería mi amigo. Era sucia. Era diferente. Pero una pequeña chispa de amistad era suficiente para encender en mi alma un fuego que quería envolver a cualquiera que me considerase digna de ser su amiga. ¡Les caía bien! Ellos podrían curar el aislamiento que me consumía.

Ahora necesitaba establecer mis propios límites. No había tenido mucha experiencia con amistades, así que decidí establecer estas "reglas" para ayudarme:

1. Mi amigo motivador y yo seremos quienes decidamos si debemos ser amigos. Voy a contribuir equitativamente al desarrollo de la amistad, pero si ésta no prospera, no lo tomaré como una pérdida. Si contribuí por igual, entonces el hecho de que no haya prosperado fue sólo la realidad de ese encuentro.

2. Diferentes amigos motivadores tendrán diferentes niveles de profundidad. Uno de ellos puede ser alguien muy divertido con quién almorzar de vez en cuando. Otro puede ser la perfecta amistad para ver una película. Otro puede convertirse en una compañía constante con la que hablo casi a diario. No necesito que todos mis amigos motivadores cumplan el mismo rol. Pero todos me ayudarán a romper mi aislamiento.

3. Los amigos motivadores pueden marcharse. Este límite fue muy difícil de aceptar para mí. El tiempo pasa y las cosas cambian, esta es la realidad de la vida. Mi compañero de trabajo podría irse de mi vida cuando yo decida trabajar en otra empresa. Mi amiga del gimnasio puede decidir que prefiere nadar en lugar de levantar pesas. Muchas amistades terminan, y cuando lo hacen, debo enfocarme en estar agradecida por su existencia. También debo reconocer que la amistad me ayudó a crecer. Y debo aprender a dejar ir. Puedo contribuir a que la amistad se desarrolle en otro contexto, pero si no lo hace, debo estar agradecida de que alguna vez existió.

La segunda pieza de información que debía recordar sobre mis amigos motivadores es que ellos también son humanos. Cometerán errores. Posiblemente, herirán mis sentimientos. Tal vez incluso los puedan herir de manera intencional.

La humanidad de los amigos motivadores me hace volver a enfrentar una vulnerabilidad que es completamente extraña para mí. Mientras vivía en la suciedad, bajo el concreto, escuchaba la vida encima de mí. Escuchaba pisadas de ira, de ajetreo y de alegría. Sin embargo, el concreto bloqueó mi visión de lo que realmente sucedía. Debido a esta incapacidad para ver la vida tal como era, creí erróneamente que era perfecta. No lo es.

A medida que las grietas empezaron a surgir y comencé a interactuar con amigos motivadores, me di cuenta de que sus vidas también tenían sus propias complejidades. Es posible que un amigo motivador también haya sido herido una o muchas veces, o que haya tenido experiencias que fueron configurando su sistema de creencias. Uno que puede ser muy diferente o muy similar al mío.

El punto es que mis amigos motivadores son humanos y, por lo tanto, no son perfectos. No necesito ponerlos en un pedestal como algo en lo que quiero convertirme. En cambio, sí necesito concederles la misma gracia que ellos me han concedido. Necesito vivir con ellos en el momento. Necesito reconocer que ellos también pueden cargar con un poco de suciedad. Necesito darme cuenta de que cada uno de ellos es un ser especial y único y que sus cualidades les convierten en tesoros.

He podido darme cuenta de esto con una de mis amigas motivadoras. Al tiempo que me ha acompañado en mi viaje de sanación, he descubierto y aceptado que también es humana.

Nos conocimos en la iglesia. Entré al salón donde se lleva a cabo la escuela dominical después de haber experimentado un terrible ataque de pánico. En ese tiempo, los grupos pequeños y las conexiones personales eran muy incómodos para mí. Ella me miró y me invitó a sentarme a su lado. Pero en minutos, todas mis creencias de suciedad se habían apoderado de mí. Sentía que no pertenecía a ese grupo. Empecé a llorar y rápidamente salí del salón para calmarme un poco. Cuando regresé, ella reconoció mi humanidad, no mi suciedad. Simplemente me preguntó si quería sentarme junto a ella en la iglesia. Inmediatamente la puse en un pedestal de perfección en mi cabeza. Con el tiempo, se convirtió en una de mis amigas más cercanas.

Aprendimos a vivir la vida en el momento, mientras disfrutábamos de nuestras actividades diarias. Tenía bastante confianza en ella. Sin embargo, mucho más adelante tuvimos una discusión sobre un tema en el que no estábamos de acuerdo. Yo creía firmemente tener la razón, y ella creía firmemente que yo estaba equivocada. Durante el encuentro, hirió profundamente mis sentimientos y, sin intención, atacó mi identidad, haciéndome sentir insignificante porque nuestros sistemas de valores eran distintos.

Este fue un día en el que nuestra amistad me exigió darme cuenta de que los amigos motivadores también son humanos. Todavía la amaba, y ella seguía siendo mi amiga y mi motivadora. Habría sido muy injusto de mi parte no considerarla como un ser humano y no esperar de ella una respuesta humana sobre el tema por el cual discutimos. Al final, se disculpó. Pero antes de su disculpa, yo ya la había perdonado. En mi mente, también había empezado a mirar hacia adelante.

Permitir que tus amigos motivadores sean humanos es algo muy difícil. Ya había vivido demasiado tiempo en la suciedad. No tenía interés alguno en volverme lo suficientemente vulnerable como para que me lastimaran de nuevo. Me sentía protegida en el aislamiento. Permitir que un motivador se convirtiera en mi amigo podría romper mi soledad, pero temía ser lastimada otra vez.

Sobreviviente: la vulnerabilidad de la que te hablo es saludable. Los amigos motivadores te ayudarán a aprender a vivir en el momento, no en el pasado. Este rasgo es crítico para ser capaz de vivir la vida cuando tu concreto se rompa. Será difícil y sentirás miedo. Pero lo vales. Tu vida es creada por tus decisiones. Debes decidir que la vulnerabilidad bien vale la pena tomar el riesgo. Tu amigo motivador no tomó la decisión de maltratarte, así que debes tratarlo en base a las decisiones que sí tomó y liberarlo de la responsabilidad por las consecuencias de las decisiones de otros.

Finalmente, lo tercero que debes recordar es que tu amigo motivador es un individuo. Tú debes ser tú mismo, no otra persona. Tú no formas un "nosotros" con tu amigo motivador.

Espero que tu vida esté llena de muchos de estos amigos. También espero que algunas de estas relaciones de amistad sean profundas y cotidianas.

Pero sobreviviente: no pidas a tu amigo motivador que llene el vacío que existe en tu vida. No busques que te complete.

Es muy probable que una parte de tu corazón aún esté en la búsqueda. Podrías estar buscando una "madre" que ame al pequeño que alguna vez fuiste. Puede ser que busques algo de significancia que te recuerde que las duras palabras de tu abusador no eran ciertas. Tal vez estás buscando el amor que crees te hará sentir más completo. Todas estas son heridas, y fueron creadas en la suciedad.

El problema es que ningún ser humano —ni siquiera un amigo motivador— puede sanar estas heridas. Es frecuente que muchos sobrevivientes establezcan relaciones poco saludables, ya que están buscando a otro ser humano para que sane las suyas.

Creo firmemente que existen dos cosas que sí pueden sanar mis heridas. Primero y ante todo, creo que sólo Aquel quien creó mi corazón puede sanarlo: Jesucristo. Jesús entiende de heridas. Él se levanta victorioso con dos agujeros en Sus manos. Creo que tu corazón sólo sanará en Jesucristo.

En segundo lugar, creo que tu corazón puede experimentar una alegría temporal a medida que aprendas a vivir en el momento presente y puedas disfrutar la aceptación, el amor y la confianza junto a tu amigo motivador. Las cosas que tanto has buscado las puedes encontrar a medida que interactúas, amas y sientes que perteneces. Tus experiencias aliviarán temporalmente el dolor de tus heridas. Te sentirás mejor, pero recuerda que estos sentimientos y experiencias divertidas no las sanarán completamente. Ese papel está reservado para Cristo. No le pidas a tu amigo motivador que "arregle" tu alma.

Los amigos motivadores son muy valiosos. Son tesoros, así como tú también eres un tesoro para ellos. Ser lo suficientemente vulnerable para encontrarlos será tu primer reto. Así que iniciemos el proceso ahora mismo.

Toma un trozo de papel y escribe categorías en las cuales te desenvuelves. Por ejemplo, algunas que me describen son mamá, creyente, empleada, jefa, y maestra de escuela dominical. A continuación, toma nota de todas las personas con las que interactúas bajo estas categorías. Estas personas no necesitan ser tus amigos. Después, describe la manera cómo interactuaste con esa persona hoy. Puede ser que ni siquiera lo hayas hecho. Por ejemplo, hay personas que trabajan en mi edificio a quienes ni siquiera saludo.

A continuación, ponte metas. Decide con qué personas puedes entablar algún tipo de contacto esta semana. Puede que tu primer paso sea simplemente hacer contacto visual o decirle "hola" a alguien en la sala de descanso de tu trabajo. Lo importante es que decidas el nivel de progreso a alcanzar durante la semana y que asumas la responsabilidad para cumplirlo. La semana próxima, ponte una meta distinta. Continúa de esta manera hasta que hayas creado un lindo grupo de amigos motivadores.

Permite que tome un pequeño paso atrás. Es posible que necesites practicar la meta de esta semana. Si es así, esta es una tarea que mi consejera me recomendó para ayudarme a prepararla. Comienza por darte cuenta de que tal vez ni siquiera estás mirando más allá de ti mismo.

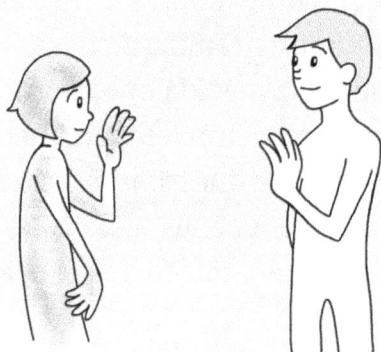

En la época en la que mi consejera me dio esta tarea, ni siquiera reconocía que los demás existían. Estaba completamente inmersa en mi propio mundo. Así que mi misión fue ir a la tienda, mirar a diez personas a los ojos y decirles "hola". Fue aterrador. Al arrastrar mi suciedad y mi concreto conmigo, creía que los demás vivían en el mismo mundo que yo, pero no tenía interacción alguna con ellos. Por lo tanto, mi primera tarea fue permanecer en el momento el tiempo suficiente para decir "hola" y hacer contacto visual. Está bien si este es tu primer paso.

Sobreviviente: tampoco olvides celebrar. Poder mirar a un potencial amigo motivador a los ojos es algo muy importante. Almorzar con un nuevo amigo puede parecer una tarea enorme. Sea cual sea tu paso, estás avanzando en tu viaje, y lo vales.

Actividad con tu Diario

Pasa a las páginas 65-66 y reflexiona sobre los conceptos 1, 2 y 3

# Capítulo Cuatro: Vivir en el Momento

En el último capítulo establecí una conexión entre los amigos motivadores y la habilidad de *vivir en el momento*. Para muchos sobrevivientes, el concepto de vivir en el momento es distante, poco realista, o hasta desconocido. El *momento* incluso pudo haber sido para ti un oscuro y tenebroso lugar en el pasado. Es posible que hayas aprendido a abandonarlo psicológicamente para controlar el dolor, minimizar las experiencias o simplemente imaginar un lugar de paz.

Empecemos por definir lo que significa vivir en el momento. Vivir en el momento significa que estás experimentando física, emocional, intelectual y espiritualmente todos los estímulos que ocurren en el lugar en el que te encuentras. Esto requiere que disminuyas tu velocidad; requiere que permitas a tus sentidos digerir toda la experiencia. También requiere confianza y seguridad. Debes estar dispuesto a estar presente y a confiar en ti mismo y en los que están contigo. Debes tener la suficiente seguridad para *sentir* tu entorno.

La cultura actual no es muy buena para vivir en el momento. Esto lo sufren especialmente los sobrevivientes de abuso, quienes tienen una mayor dificultad para encontrarlo. Muchos sobrevivientes cargan con ellos su concreto y lo único que pueden ver es suciedad. Estos obstáculos no les permiten ver los momentos que están ocurriendo a su alrededor. Para algunos de ellos la situación es tan crítica, que los psicólogos han acuñado un término específico para describirla: Trastorno por Estrés Postraumático, o TEPT.

Pero sobreviviente: yo he luchado la batalla y he logrado romper mi concreto. Puedo experimentar la vida, hoy, en el momento. Y tú también lo puedes hacer. Va a requerir de mucha valentía y práctica, pero realmente vale la pena. Tú lo vales.

Antes de enfocarnos en cómo vivir en el momento, hablemos del porqué de su importancia. ¿Recuerdas la sensación de vivir bajo el concreto? ¿Todavía vives ahí? ¿Recuerdas cuando escuchabas los pasos encima de él? ¿Aún puedes escucharlos? Déjame preguntarte: ¿qué sucederá cuando el concreto se haya roto? ¿Qué harás ahora que vives por encima de la suciedad?

La habilidad de vivir en el momento es una que se debe aprender. Probablemente sea algo incómodo e incluso aterrador. Pero aprenderla es obligatorio. Cuando el concreto haya desaparecido no querrás envolverte de nuevo en suciedad, por ser éste el único lugar donde te sientes cómodo. Aprender a vivir en el momento es algo que irá sucediendo poco a poco, pero es una habilidad que es necesario dominar para que puedas aceptar la libertad que viene en tu futuro.

Después de un par de años de terapia, caí en cuenta de que no sabía a qué se refería exactamente mi consejera cuando me preguntaba sobre cómo me sentía al realizar algo (inserta cualquier experiencia de vida aquí). Experimentar cada momento de mi vida era parte de un territorio completamente desconocido para mí. Le podía encontrar sentido a funcionar dentro de una tarea programada o a tachar cosas de una lista, pero no a digerir e interiorizar las cosas que ocurrían a mi alrededor.

A medida que evaluábamos mi punto de partida, comprendí que había ignorado la mayoría de mis sentidos. No sólo no estaba viviendo en el momento, sino que también había bloqueado activamente esa experiencia de mis procesos mentales. Junto a mi consejera creamos un plan con algunos detalles que ahora te desafiaré a experimentar.

Inicialmente, necesitaba concentrarme en recordarles a mis poco desarrollados sentidos que tenían una labor por hacer. Empecé por estimular el oído escuchando plácidos sonidos de la naturaleza, como las olas del mar estrellándose contra las piedras. Necesitaba entrenarme para recordar que tenía la capacidad de escuchar el ruido de mi ambiente y no simplemente bloquearlo. Cuando me sentí segura, llevé mis nuevas habilidades de escucha a la vida real. Me conecté con la naturaleza y me permití escuchar el hermoso cantar de los pájaros y el suave crujir de las hojas de los árboles.

Suena fácil, ¿verdad? ¡No lo es!
Escuchar no siempre implica estar en contacto con los tranquilos murmullos de la naturaleza. Recuerdo haber visitado un médico en el mismo periodo en el que estaba aprendiendo este nuevo concepto. En la sala de espera podía escuchar las noticias a todo volumen en la televisión, dos grupos de personas conversando, alguien más hablando en el teléfono y los papeles de la recepcionista crujiendo sin parar. Era simplemente demasiado ruido para procesar.

En el pasado, estaría completamente ensimismada e inmune al ruido de ese ambiente. Pero ese día, escuché cada sonido y no pude procesarlo. Cuando el doctor me recibió, estaba temblando y haciendo un gran esfuerzo por no llorar. Él me preguntó si algo estaba mal, y le conté mi experiencia. Después de la visita, llamó a mi consejera muy preocupado por mi comportamiento.

Acostumbrarse a vivir en el momento puede ser difícil, pero vale la pena. Continué mi proceso con el tacto, el olfato, la vista y el gusto. Experimenté una de mis mayores victorias al conducir al trabajo un día. No estaba tratando intencionalmente de estar presente en el momento, ya que estaba manejando. Pero había hileras de hermosos árboles a ambos lados de la carretera, y el sol brillaba a través de ellas produciendo magníficos rayos de luz. Mientras conducía, la belleza del paisaje me abrumó. Había pasado por la misma carretera durante años, pero nunca había percibido todo lo que me rodeaba. Todos mis sentidos se sintonizaron en ese lugar y pude estar plenamente presente en el momento, disfrutando de la radiante vista.

Estar presente en el momento está estrechamente relacionado con la *intención* de experimentarlo. Mis hijos y yo acabamos de terminar un verano lleno de experiencias en nuestra piscina local. Hubo momentos en que la alegría de la experiencia me desbordaba, y hubo otros en los que simplemente nadaba. La diferencia es simple. A veces tomaba la decisión consciente de estar presente y a veces seguía procesando los acontecimientos de mi día de trabajo. En ambos casos, yo misma tomaba la decisión de experimentar el momento, o de no hacerlo.

Espero que te puedas dar cuenta, a través de estas historias, de que vivir en el momento es simplemente elegir *vivir y ser*. Para mí, esta elección siempre ocurre intencionalmente. Si no me recuerdo a mí misma experimentar la vida, simplemente *funciono en automático*. Muchos de mis amigos sobrevivientes también han expresado una necesidad similar de operar intencionalmente. Creo que todas las personas pueden tener la misma necesidad, independientemente de las experiencias de vida de cada uno.

¿Por qué debes vivir en el momento? La respuesta es muy simple. Luchaste (o estás luchando) muy duro para poder vivir por encima del concreto. ¡Entonces vivamos! No nos sacudamos la tierra y rompamos el concreto sólo para *funcionar*. Seamos intencionales. Vamos a experimentar la vida. Vamos a sentir el sol en nuestras caras, a correr bajo la lluvia y a reír a carcajadas con nuestros hijos hasta que nuestro estómago no pueda más.

Comenzar es simple. Te recomiendo buscar un lugar tranquilo donde los estímulos innecesarios o las pequeñas distracciones no te molesten. Una vez allí, tómate el tiempo para escuchar. Ahora mismo puedo escuchar el zumbido del refrigerador, el sonido del aire acondicionado y la electricidad —o algo más que no puedo identificar— haciendo un ruido blanco. Una vez que hayas pasado algún tiempo escuchando conscientemente, haz la transición al tacto. ¿En dónde estás sentado? ¿Cómo se siente? ¿Qué sensación produce la superficie en cada una de las partes de tu cuerpo? Pasa algún tiempo interiorizando las diferentes texturas y asimila lo que tocaste. Cuando estés listo, haz la transición a cada uno de los otros sentidos. Detente y tómate un tiempo con cada uno de ellos. ¿Puedes escuchar algo nuevo? ¿Hueles algo bueno... o malo? ¿Puedes ver algo de una manera diferente a como lo hacías antes?

Recomiendo que hagas este ejercicio muchas veces y en muchos lugares diferentes. Cuando estés listo, hazlo (o partes de él) en un entorno más exigente. Finalmente, desafíate a experimentar todo lo que puedas a tu alrededor durante cinco minutos. A medida que te sientas más cómodo, aumenta el tiempo.

Hay muchas maneras adicionales de experimentar el momento. Algunas personas aman la visualización. Otros ilustran sus experiencias a través del arte. Algunos escriben y otros graban canciones. Una vez hayas aprendido los conceptos básicos, ¡prueba cosas diferentes! Y sobre todo, ¡vive!

### Actividad con tu Diario

Pasa a las páginas 67-68 y reflexiona sobre los conceptos 4, 5 y 6

# Capítulo Cinco: Inversionistas Emocionales

Muchas de las personas que más amo en este mundo me encontraron mientras estaba enterrada bajo el concreto, en la suciedad. Tomaron la decisión de reconocerme, con todo y mis problemas. Sabían que se arriesgaban a que mi tierra los pudiera ensuciar un poco, pero tomaron esta decisión porque yo les importaba. Me ofrecieron intencionalmente semillas a través del concreto y esperaron pacientemente a que yo las plantara. Siempre me recordaron que estas crecerían y nunca permitieron que perdiera la esperanza.

Mi primer consejero me presentó a una de mis primeras inversionistas emocionales, quien tomó la decisión de invertir en mí. Probablemente ella no entendía la trascendencia de la decisión que estaba tomando, pero deseaba verme experimentar la libertad en el momento que Dios eligiera.

Sinceramente, no recuerdo los primeros días. En esa época, el hecho de compartir sobre mi experiencia me ocasionaba un gran estrés y traía recuerdos traumáticos que no estaba emocionalmente preparada para enfrentar. Pero estoy segura de que en algún momento del camino decidí compartir con ella mi dura experiencia de abuso.

En aquellos primeros días, su inversión en mí fue una de amor y confianza. Ella me amaba y confiaba más en mí de lo que yo me amaba y confiaba en mí misma. Me animó a verme como alguien que merecía amor y que poseía un gran valor.

Aunque no recuerdo muy bien nuestras primeras charlas sobre mi experiencia, sí recuerdo el día en que le mostré un gran pedazo de mi concreto. Mientras hablábamos, una grieta surgió, y me sentí horrible, expuesta. Y el hecho de que yo misma había compartido la experiencia creó una vulnerabilidad que detestaba. Recuerdo que ella vino a mi trabajo y me abrazó mientras me recordaba que todo estaría bien. Yo le dije que eso no pasaría. Había estado llorando por dos días y sinceramente, pensé que jamás dejaría de hacerlo.

Veinte años después, puedo decirte que en realidad sí dejé de llorar. Mostrarle pedazos de mi concreto a mi inversionista poco a poco se hizo menos doloroso. Aprendí que podía confiar en ella y que me aceptaría por quién realmente era, a pesar de las experiencias de mi pasado.

Pero nuestra relación no se limitaba a estos episodios. También compartíamos actividades muy divertidas. Charlábamos mientras mis hijos y sus nietos jugaban juntos, al tiempo que su marido tocaba la guitarra en la habitación de al lado. También rezábamos. Le compartía mis sueños, y ella me mostraba estabilidad. Siempre estuvo a mi lado en los momentos difíciles y jamás me juzgó por mi largo proceso de sanación.

No todos los inversionistas emocionales tendrán una larga presencia en tu vida, como sí la tuvo la inversionista del ejemplo anterior. Al igual que pasa con los amigos motivadores, los inversionistas emocionales también pueden ser temporales. Estoy eternamente agradecida por la oportunidad de disfrutar de un inversionista a largo plazo, pero también lo estoy por aquellos que han estado en mi vida por temporadas y propósitos más cortos.

Tomemos un momento para definir lo que un inversionista emocional es y no es. Un inversionista es un mentor, alguien que personifica una amistad profunda y real. Los inversionistas poseen la habilidad interna de aceptarse a sí mismos y de compartir una parte de ellos contigo. Tu suciedad no los define y no se sienten incómodos con el hecho de que la tengas. Son capaces de tocar lo más profundo de tu ser y desafiarte para que puedas ver y creer cosas sobre ti que quizás olvidaste o jamás creíste.

Los inversionistas, por definición, te acompañarán a lugares más profundos y trascendentales que tus amigos motivadores. Pero por favor recuerda que tu inversionista no es tu consejero. Ellos te apoyarán, te escucharán y te amarán. Pero aún necesitarás de un consejero profesional que te ayude a examinar las experiencias que has tenido, crear un plan de sanación y renovar tu mente con patrones de pensamiento positivo. Sin embargo, quiero ser fiel a mi propia experiencia y agregar que un buen consejero también puede ser un inversionista emocional.

Los inversionistas a veces no tienen conocimiento de tu experiencia de abuso. Un gran inversionista temporal en mi vida fue también uno de mis jefes. Definía a la perfección la palabra inteligencia. Era educado en Harvard, pero tenía un enfoque de confianza y amabilidad en los negocios. Creía que sus empleados podían tener éxito y estaba dispuesto a invertir tiempo adicional en nuestro desarrollo. Él me enseñó a creer en mí misma y en mi capacidad para dirigir un negocio. También me desafió a crecer y a nunca conformarme con nada menos que mi pleno potencial. Las lecciones que me enseñó podían aplicarse a cada aspecto de mi vida y se extendieron mucho más allá del mundo de los negocios.

Los inversionistas, como los amigos motivadores, son regalos. Los inversionistas, como los amigos motivadores, son difíciles de encontrar. Los inversionistas, como los amigos motivadores, cambiarán tu vida. Y tú también impactarás la suya.

Construir una relación con un inversionista emocional es similar a construir una relación con un amigo motivador. Debemos estar agradecidos por el tiempo que están en nuestras vidas y también darnos cuenta de que algunas relaciones pueden prosperar, y otras no. Debemos aceptar que los límites en la relación nos permitirán mantenernos sanos. Pero existe algo que creo con vehemencia y que debe hacerse intencional y específicamente con un inversionista emocional: debemos reconocer su rol en nuestras vidas y aceptar su inversión en nosotros con la mayor seriedad.

Tu inversionista probablemente ha sido muy considerado a la hora de invertir en ti. Sus consejos, observaciones y amor deben ser algo a tener en cuenta. No te estoy diciendo que siempre debas seguir sus consejos o estar

de acuerdo con sus observaciones. Te estoy diciendo que los consideres. Tu inversionista te ama y está pasando tiempo contigo voluntariamente. Toma en cuenta lo que te está diciendo y determina cuál será tu respuesta.

Sé que esto puede sonar básico, pero me pregunto si realmente lo es.

Verás, es probable que estés sufriendo de heridas emocionales cuando entras a una relación con un inversionista. Quieres ser aliviado del dolor que sientes. Puedes sentir y experimentar la profundidad del cuidado y atención que tu inversionista te está ofreciendo. Y aunque la emoción es importante, es sólo una parte de la experiencia. La otra parte son las semillas capaces de cambiar tu vida. Las pequeñas perlas de sabiduría para plantar, cultivar y ver crecer en tu camino.

Encontrar un inversionista puede ser difícil. No debes revelar tu experiencia a cada persona que conoces. Algunas veces el inversionista te mirará, y a pesar de tu concreto, elegirá acercarse a ti. Otras veces, tenemos que hacerle saber al inversionista que lo necesitamos.

Tengo una amiga en mi vida que es capaz de ser tanto inversionista como motivadora. Dependiendo de la situación, puede adoptar cualquier rol. Nuestra relación comenzó porque le dije que la necesitaba desesperadamente. En el inicio de nuestra relación, yo sólo buscaba una conversación, un momento de esperanza. Ella me bendijo con mucho más.

La estuve observando durante muchos meses. Ella servía fielmente en la guardería de nuestra iglesia. Su sonrisa y actitud positiva eran contagiosas. En ese momento, yo estaba pasando por una situación particularmente difícil en mi vida y no la estaba manejando muy bien. Necesitaba a alguien con quien hablar. Así que tomé un riesgo enorme y le envié una nota en la que le preguntaba si quería almorzar conmigo y hablar sobre mi difícil situación. Ella aceptó.

Más tarde esa semana, terminamos comiendo comida fría. Estuvo caliente en algún momento, pero la duración y profundidad de nuestra conversación la terminó enfriando. Lloré mientras compartía con ella la realidad de lo que estaba pasando en mi vida. Al final de la conversación, me miró gentilmente y dijo algo así como, "percibo tanta esperanza en tu historia. Tu dependencia en Dios es inspiradora."

¿¡QUÉ!? ¿Escuchó la misma historia que yo conté? ¿Esperanza? ¿Dependencia? ¿De qué estaba hablando? La interrogué al respecto. ¿Qué había escuchado ella que no había escuchado yo misma? La respuesta fue que escuchó mi corazón. No se centró en mis palabras ni en mi desesperación, sino en el amor y la dependencia que resaltaban en mi historia. Simplemente, escuchó mi corazón.

Este fue un ejemplo en el que tuve que aplicar mi regla sobre considerar la visión de mi inversionista en mi vida. A medida que me permití ver en mí lo que ella pudo percibir en mi corazón, la esperanza comenzó a surgir y el proceso de sanación inició.

Algunas veces, los intentos diligentes por encontrar un inversionista pueden funcionar. Quiero resaltar aquí la palabra diligente. En la última historia, observé a mi inversionista durante un largo período de tiempo. No sabía que se convertiría en mi inversionista, pero creía que era una persona genuina en la que se podía confiar. Estaba en lo correcto.

Otras veces, serán los inversionistas los que te encuentren. Hace poco, una amiga en el trabajo me dijo que pensaba que debía conocer a una amiga suya. Esta amiga había sido su inversionista y todavía ejercía ese rol de vez en cuando. Inicialmente no quería conocerla, pero estoy aprendiendo a confiar en mí misma lo suficiente como para correr algunos riesgos. Decidí que este era un riesgo que tomaría.

Esta conexión me llevó a encontrar a una maravillosa inversionista que había enfrentado muchos de los mismos obstáculos que yo misma había enfrentado en mi vida. Si no hubiera estado dispuesta a ser vulnerable frente a un extraño, habría dejado pasar una grandísima bendición en mi vida.

Por último, los inversionistas pueden encontrarse en sistemas de ayuda, tales como programas de orientación y grupos de desarrollo. Incluso podrías conocer a uno en algún evento o reunión social.

Conocí a una de mis inversionistas en un evento de sanación. Tanto ella como yo asistimos como participantes. Casi al instante, supe que mi presencia en el evento no era una coincidencia. Comprendí que había asistido para conocerla. Durante los próximos años, nuestra amistad siguió creciendo mientras ambas aprendíamos a sanar, siempre intentando compartir lo que íbamos aprendiendo la una con la otra. Hicimos la elección intencional de mantenernos positivas y de permitir que la otra se enriqueciera de nuestras propias enseñanzas.

Sobreviviente: a medida que empiezas (o continúas) tu esfuerzo por encontrar inversionistas, actúa con sabiduría. Piensa en el tipo de persona a la que le permitirás invertir en tu vida. Sé intencional a la hora de buscar personas que compartan tu sistema de creencias o tu visión del mundo. Reconoce que a veces se producirá una evolución en la relación, y otras veces no. Y si actualmente disfrutas de la presencia de un inversionista, sé agradecido. Recuérdales que su presencia en tu vida es una bendición y que jamás podrías dar su contribución por sentado.

Por último, si definitivamente no puedes encontrar un inversionista, invierte en ti mismo. Empieza tu propio "diario de confianza" y escribe en él las cosas que observas en ti. Lee libros. Descubre tus pasiones. Escribe sobre tus experiencias.

Quiero ser clara: Todas las recomendaciones anteriores son buenas, pero el contacto humano es muy importante. Invierte en ti mismo, pero no dejes de buscar inversionistas. Si continúas tu búsqueda, tarde o temprano llegará el más indicado para ti.

### Actividad con tu Diario

Pasa a las páginas 68-69 y reflexiona sobre los conceptos 7 y 8

# Capítulo Seis: Consejeros

Inicialmente, cuando empecé a escribir este libro, pensé en explicar la importancia de los consejeros en la sección dedicada a los inversionistas emocionales. Sin embargo, a medida que escribía, me di cuenta de que la importancia de un consejero requería de un capítulo aparte.

Permíteme comenzar con la firme creencia de que todos los sobrevivientes necesitan de un buen consejero o equipo de consejería. Soy consciente de que esta opinión puede ser difícil de llevar a cabo. Encontrar el consejero adecuado puede ser una tarea difícil. Espero que este capítulo te ofrezca las herramientas necesarias para que puedas identificar la mejor relación de consejería para ti. También creo que los sobrevivientes deben ser conscientes de su propia responsabilidad a la hora de mantener una buena relación con su consejero, así como de los límites que se establecen dentro de ella para crear una relación saludable entre ambas personas.

Entonces, ¿por qué necesitamos consejeros? Porque el concreto es difícil de romper y la suciedad y el deterioro pueden lastimar. Por lo mismo, un consejero se convierte en un amigo motivador y en un inversionista emocional consistente que nos puede enseñar a vivir cuando el concreto se rompe –

principalmente porque lo merecemos–. La consejería es una de las formas en las que constantemente me priorizo. Sí, puede ser costosa. Sí, puede tomar tiempo. Y sí, requiere adoptar un enfoque de crecimiento a largo plazo.

Si has experimentado abuso significativo, la consejería no es un compromiso a corto plazo. Un buen consejero jamás te prometerá un alivio inmediato a tus problemas. De hecho, mi consejera me desafió al principio de mi viaje. Después de varias consultas hablando sobre temas sin relación con mi abuso, decidí compartir con ella mi dolorosa experiencia. Noté que su expresión facial cambiaba mientras yo narraba los detalles. Le pregunté por qué. Respondió que la sanación es a veces dolorosa, y se preguntaba si yo realmente quería comenzar el proceso. Me respetaba lo suficiente como para ser honesta acerca de la dificultad del viaje, pero también estaba dispuesta a apoyarme mientras lo recorría.

Sobreviviente: te quiero animar con la misma aclaración. Mereces sanar, así que te animo a que seas lo suficientemente valiente para hacerlo. Puede que sanar no sea fácil, pero siempre es importante. Vivir más allá de tu experiencia es importante. Encontrar la libertad para ser tú, un ser único, es un viaje que vale la pena emprender.

Segundo, el acto de empezar un viaje de consejería requiere acción, lo cual te comunica la confianza y el valor que tienes en ti. Así que, ¿cómo lo puedes iniciar? Te aconsejo que tengas en cuenta lo siguiente:

1. ¿Dónde has visto otros casos de éxito? Mi consejera actual había atendido a uno de mis empleados, quien compartió abiertamente el progreso que estaba logrando con ella en su vida. Antes de conocerla, tenía la confianza inicial de que probablemente también podía ayudarme.

2. Reconoce que podrías tener que esperar un tiempo por un buen consejero. Cuando llamé por primera vez a mi consejera, ella no estaba recibiendo nuevos pacientes. Le conté quién me había recomendado y le pregunté si podía ingresar a una lista de espera. Ya había decidido que esperaría hasta seis meses. (No había algo especial en este número, era simplemente el tiempo

que estaba dispuesta a esperar). Al final, mi espera terminó siendo mucho más corta. Al día de hoy, me siento muy complacida de haber esperado por la consejera perfecta para mis necesidades.

3. Recuerda, nunca estás atrapado. A veces crees haber encontrado al consejero adecuado, pero con el tiempo te vas dando cuenta de que no hay buena sintonía entre los dos. Simplemente sé honesto, ya que tu consejero quiere apoyarte. Probablemente ya ha lidiado con esta situación antes e incluso podría recomendarte alguien que se ajuste mejor a tus necesidades.

Asistí a una consulta con una consejera hace muchos años. Era inteligente y rápidamente identificó mi necesidad de seguridad. Su enfoque era agresivo y su deseo era ayudar. Yo, sin embargo, era extremadamente insegura y necesitaba que se ganaran mi confianza lentamente. Ninguna de las dos estaba equivocada. Simplemente no pudimos establecer una buena relación terapéutica.

4. Reconoce que hay muchos enfoques de consejería. No entendí muy bien este concepto al comienzo de mi viaje. Investiga sobre el tipo de entrenamiento profesional que ha tenido tu consejero, ya que es muy importante que te sientas cómodo con el enfoque que utilizará en tu caso. Ten en cuenta que además de los muchos estilos de terapia convencional de consultorio, existen otros métodos alternativos. Tengo una amiga que ha centrado su viaje de sanación en terapia artística, corporal, ecuestre y somática. Realmente he disfrutado escuchar sobre su experiencia y verla aplicar su creatividad natural a su proceso de sanación.

Estos aspectos, junto con otros filtros básicos, te ayudarán a iniciar de mejor manera tu búsqueda. No olvides también utilizar los filtros que ofrece la tecnología, para simplificar tu búsqueda aún más. Lee las reseñas en línea de un potencial consejero. Tampoco olvides revisar la cobertura que tu seguro te puede proporcionar.

Por último, quiero hacer una pausa y reconocer que las necesidades urgentes requieren ayuda urgente. Si te sientes gravemente deprimido, tienes pensamientos suicidas o estás en situación de alto riesgo, por favor busca ayuda inmediata. Tu situación no te permite llevar a cabo un proceso de selección minucioso. Puede que incluso necesites estar en un hospital o una sala de emergencia para poder garantizar tu protección. Si estás en una situación así, debes priorizar la atención inmediata. Si al recobrar la estabilidad emocional crees que necesitas un cambio para optimizar tu crecimiento, habla con tu consejero y permite que te ayude a identificar los pasos siguientes.

Después de seleccionar un consejero, tu viaje comienza. Y lo más importante que puedo decirte acerca de este viaje es esto: es un viaje compartido. Lo recorrerás junto a tu consejero, quien no estará guiando a un sobreviviente herido que sumisamente hace lo que le digan. NO. Ambos contribuirán mutuamente durante el trayecto.

Ten en cuenta que no dije que ambos contribuirán en partes iguales. Habrá momentos en los que una persona contribuirá más que la otra. Esto es cierto en todas las relaciones. Sin embargo, cuando evalúes el viaje como un todo, verás que ha habido muchas contribuciones mutuas que te han permitido obtener los logros alcanzados.

Te recomiendo que empieces tu viaje de consejería compartiendo sobre ti y tratando de entender a tu consejero. ¿Qué es lo que más disfruta de su trabajo? ¿Por qué decidió convertirse en consejero? ¿Ha trabajado con clientes con una experiencia de vida similar a la tuya? A medida que compartes sobre ti, piensa en cómo te gustaría abordar tu viaje de sanación. ¿Por qué decidiste emprenderlo? ¿Tienes objetivos específicos que te gustaría alcanzar? ¿Hay cosas acerca de tu experiencia que sería mejor que tu consejero supiera de antemano?

En las primeras sesiones se va creando la confianza, ya que es necesario que aprendan a entenderse. Tu consejero puede establecer algunos límites y puede que tú también tengas otros para discutir. Trata de ir a donde la conversación te lleve; están aprendiendo a trabajar juntos.

A medida que tu viaje de consejería progresa, será importante que entiendas la responsabilidad que tienes con su éxito. La consejería no es un compromiso de una sesión a la semana. Puede que tengas sólo una sesión de consultorio cada siete días, pero es tu deber hacerle seguimiento al proceso cuando no estés con tu consejero. Como mínimo, es tu responsabilidad procesar lo que ocurrió durante la sesión; tu consejero y tú están en un viaje compartido.

No tienes que aceptar ciegamente toda la información que recibes. ¿Qué aprendiste de ti mismo mientras te escuchabas discutir el tema de la sesión? ¿Hay creencias negativas con las que todavía luchas pero que pueden haber perdido su validez? Si tu consejero hizo comentarios, ¿estás de acuerdo con ellos? ¿Existen cosas que puedes aprender de sus afirmaciones? Este tipo de preguntas, y muchas más, son ejemplos del análisis mínimo que debes realizar después de una sesión de consejería. Debes permitir que la sesión te desafíe. Debes estar dispuesto a reflexionar y crecer.

Existen muchas otras actividades que se pueden realizar por fuera de la consejería para permitir que la relación se beneficie al máximo. Pregunta a tu consejero su recomendación sobre "tareas para la casa". Al principio de mi viaje, escribía en mi diario con frecuencia. Me sentía muy incómoda con toda mi experiencia, por lo que la escritura se convirtió en una forma de reconocerla en un entorno más seguro. Tenía un control total sobre los temas de los que escribía y podía expresar mi vulnerabilidad a través de la escritura según me parecía más apropiado.

Mi consejera también me sugirió trabajar con libros de ejercicios. Los libros que utilizábamos tenían capítulos cortos y preguntas propias de este tipo de literatura. El poder de este enfoque estaba en tomar un paso adicional a la hora de la reflexión personal. Estos ejercicios también me permitieron prepararme mentalmente para cualquier vulnerabilidad emocional que pudiera necesitar mientras procesaba su contenido durante nuestra sesión.

Los ejemplos anteriores eran las típicas tareas de mis primeros años de consejería. Pero quiero señalar que tus tareas reflejarán la etapa del proceso en la que te encuentres. Después de que mi concreto se había roto, mis tareas cambiaron. Algunas de ellas se centraban en sentir el mundo, y permitirme existir en él. Por ejemplo, tocar las hojas de los árboles puede parecer algo muy simple; pero para mí, estar en ese momento, tocar sus venas y sentir su delicado roce en mi piel requería una vulnerabilidad significativa. Mirar a extraños a los ojos y decirles "hola" me permitió desarrollar una confianza que antes no tenía. Participar en charlas triviales con los demás me hizo reconocer que mis palabras podían importar, incluso para un extraño. Mi punto es que tu tarea debe coincidir con tu lugar en el viaje.

Trabaja junto a tu consejero para establecer estas tareas. Este es un viaje compartido donde ambos contribuyen. Tu consejero está capacitado para ayudarte a establecer las más apropiadas. Sin embargo, lo que determinará el impacto que tendrán en tu vida será tu nivel de compromiso.

Por último, quiero añadir que es muy importante trabajar con tu consejero para crear metas o visiones de sanación. Pero te pido que respetes su posición como el experto. Tu consejero ha guiado a otros a través del mismo camino en el que estás ahora. Benefíciate de la experiencia que ha acumulado ayudando a otros como tú.

Existen dos áreas en donde he visto que mucha gente tiene dificultad para respetar la posición del consejero como experto. Primero, los sobrevivientes pueden sentir la necesidad de diagnosticarse a sí mismos. Segundo, pueden tratar de leer y comprender un poco más sobre este diagnóstico en momentos inapropiados.

Sobreviviente: empezaste este viaje para sanar, no para poner etiquetas. No existe etiqueta alguna que pueda cambiar tu situación actual. Tu experiencia es única e individual. Si lees acerca de diez personas diferentes con el mismo diagnóstico que tú, probablemente estaremos hablando de diez experiencias distintas. Tal vez hayas tenido comportamientos similares, pero no estás aquí para cambiarlos superficialmente; estás aquí para sanar de la experiencia que has soportado.

En los primeros días, mi consejera estableció dos límites conmigo. Respeto profundamente estos límites y te animo a que los consideres. El primero fue: nada de investigación. Aunque sí utilicé el internet para investigar, no leí libros a menos que ella los hubiera recomendado. En vez de investigar, viví mi vida. Mi consejera y yo discutíamos los detalles de mi experiencia, unos muy personales. Por eso, no quería correr el riesgo de mezclar estos detalles con otros que pude haber leído en otro lugar.

Estoy muy agradecida por este límite. Una de mis creencias principales es la importancia de la verdad. Estoy muy agradecida de que este límite me haya permitido sanar de mi experiencia y evitar cientos de preguntas, sobreanálisis innecesario y estrés permanente, al preocuparme por una experiencia que no era la mía.

El segundo límite que mi consejera me recomendó a principios de mi viaje fue el de centrarme en logros y progreso, no en diagnósticos. Este fue un límite intencional que me concedió la libertad para definirme por quién realmente soy, y no permitir que una etiqueta lo hiciera por mí. Soy buena para tomar decisiones difíciles. Estoy decidida a sanar. Soy una gran madre... ¡y muchas otras cosas! Pero no soy una etiqueta. A medida que alcances logros y tu corazón experimente cambios, empezarás a comprenderte a ti mismo y a sentir orgullo de la persona en la que te estás convirtiendo.

Eres mucho más que un comportamiento o una etiqueta. Sobreviviente, déjame ser clara: es probable que tengas algún diagnóstico. Yo lo tengo. Pero los diagnósticos sólo definen la conducta. Por supuesto que tienes comportamientos diferentes. Tu experiencia te obliga a vivir debajo del concreto, en la suciedad. Mi consejo en este límite es que permitas que tu viaje sea sobre la sanación. Tu comportamiento cambiará a medida que vayas limpiando tu suciedad. Empezarás a ver una persona hermosa. Y si hay algún comportamiento que no cambia, puedes concentrarte en él más adelante en tu viaje, cuando tu consejero lo crea apropiado.

Tu consejero tendrá otros límites. Tómate el tiempo para entender por qué un límite existe y no sólo lo que es. También puedes establecer los tuyos propios. Si lo haces, explícale a tu consejero su importancia para ti.

Por último, date cuenta de que los límites en una etapa de tu viaje de sanación pueden no ser necesarios en otra. Hoy, puedo escuchar sobre las experiencias de otras personas y también leer sobre mi propio diagnóstico. Puedo hacer ambas cosas sin que me definan, me lleven a cuestionarme a mí misma o tal vez a interiorizar información que no es mía.

Sin embargo, seré clara en decir que no hago estas actividades a menudo. No necesito hacerlo. Entiendo completamente mi experiencia y mi diagnóstico. Nada de lo que lea cambiará quién soy, así que leer sin un propósito se convierte en una pérdida de tiempo. El abuso no es mi historia. Mi historia es creada por mis decisiones. Yo no tomé la decisión de sufrir de abuso. Pero sí tomé la decisión de sanar mi alma. Sí tome la decisión de comprenderme a mí misma.

Espero que la poca información que he compartido en este capítulo te ayude a evaluar tu viaje de sanación y el consejero con quien lo estás recorriendo. Como lo comenté en los capítulos sobre el amigo motivador y el inversionista emocional, por favor recuerda que tu consejero también es humano. Siempre tendrán tu mejor interés en mente y jamás te harán daño intencionalmente, pero son humanos. Si algo no se siente bien, habla con ellos al respecto. A veces la comunicación resuelve problemas y te aclara los próximos pasos.

A lo largo de este capítulo, te he dado muchas preguntas para hacerte. Tómate el tiempo necesario para evaluar las preguntas que mejor se adecúen a tu etapa específica del viaje. Si no hay preguntas para esta fase, establece las tuyas. Realiza tus tareas para la casa. La consejería es un compromiso. El crecimiento es una manera permanente de invertir en tu vida. Trata de recordar frecuentemente que tu viaje es uno de intención. Por último, pregúntate: ¿Están ocurriendo inversiones mutuas en tu viaje? ¿Estás maximizando las oportunidades de aprendizaje y crecimiento que vas encontrando en él?

Actividad con tu Diario

Pasa a las páginas 69-70 y reflexiona sobre los conceptos 9, 10 y 11

# Actividad del Logro 2 con tu Diario Personal
## Tus Alianzas en el Viaje de Sanación

Todos los sobrevivientes de abuso pueden beneficiarse de un equipo de apoyo —motivadores, inversionistas y consejeros—. Este logro evalúa cómo hacer crecer estas relaciones, y a ti mismo, a lo largo del viaje de sanación.

Esta actividad del segundo logro te desafiará a optimizar las relaciones que existen en tu vida.

## Concepto # 1: Las relaciones con los amigos motivadores requieren confianza...en mí mismo y en mi amigo o amiga

¿Cómo ayudaría en tu proceso de sanación tomar el riesgo de buscar amigos motivadores o fortalecer las relaciones que ya tienes?

_____

_____

_____

_____

_____

_____

_____

_____

_____

_____

_____

_____

## Concepto # 2: La vulnerabilidad puede ser incómoda para mí

¿La versión que tienen de ti tus amigos motivadores y otras personas es usualmente mejor que la que tienes de ti mismo? ¿Qué impide que tengas más amigos motivadores?

_____

_____

_____

_____

_____

_____

_____

_____

_____

_____

## Concepto # 3: Estableceré un punto de partida

Identifica tres maneras de hacer crecer amistades motivadoras. ¿Cómo puedes asegurarte de que tus expectativas de estas relaciones estén en la misma línea con los límites mencionados en este capítulo?

_____

_____

_____

_____

_____

_____

_____

_____

_____

_____

## Concepto # 4: Vivir en el momento requiere confianza y seguridad

¿Puedes identificar emociones específicas que te dificulten vivir en el momento?

_____

_____

_____

_____

_____

_____

_____

_____

_____

_____

## Concepto # 5: Vivir en el momento me preparará para poder aceptar la libertad que está en mi futuro

¿Qué oportunidades crees que perderás si no aprendes a vivir en el momento?

_____

_____

_____

_____

_____

_____

_____

_____

## Concepto # 6: Puedo decidir intencionalmente vivir en el momento

Recuerda tu última experiencia viviendo en el momento. ¿Cuál fue y por qué fue tan impactante?

_____

_____

_____

_____

_____

_____

_____

_____

_____

_____

## Concepto # 7: Tengo en cuenta la contribución de mi inversionista emocional en mi vida

¿Quién está invirtiendo en tu vida? ¿Estás aprovechando las semillas que te ofrecen? ¿O estás tan enfocado en ti mismo que estás perdiendo la oportunidad de crecer y sanar?

_____

_____

_____

_____

_____

_____

_____

_____

_____

## Concepto # 8: Estoy invirtiendo en mi sanación

Algunas actividades en la vida generan esperanza y promueven la sanación. Las ideas mencionadas en el capítulo incluyen: pasar tiempo con tus inversionistas emocionales, tener en cuenta y reflexionar sobre su consejo, empezar un "diario de confianza", leer y descubrir tus pasiones. ¿Cómo piensas invertir en tu sanación? ¿Hay alguna oportunidad para que seas más intencional en esta área?

_____

_____

_____

_____

_____

_____

_____

## Concepto # 9: Todo sobreviviente necesita un buen consejero

La confianza es importante en las relaciones de consejería. Si tienes un consejero, evalúa tu confianza en esa persona. Si estás buscando uno, ¿qué pasos vas a tomar para crear confianza desde el principio de la relación?

_____

_____

_____

_____

_____

_____

_____

_____

## Concepto # 10: La consejería es un viaje compartido

¿Qué contribuciones mutuas aportas con tu consejero a tu viaje de sanación? ¿Qué pasos podrías dar para involucrarte más intencionalmente en tu experiencia de consejería?

_____

_____

_____

_____

_____

_____

_____

_____

## Concepto # 11: Evita distracciones

Tu viaje de sanación es un proceso para liberarte de tu experiencia con el abuso. Este viaje es acerca de tu corazón, no de tus comportamientos. ¿Participas en actividades que te pueden distraer de tu sanación? ¿Estás enfocado en arreglar comportamientos, o en sanar tu corazón?

_____

_____

_____

_____

_____

_____

_____

_____

# Logro 3:

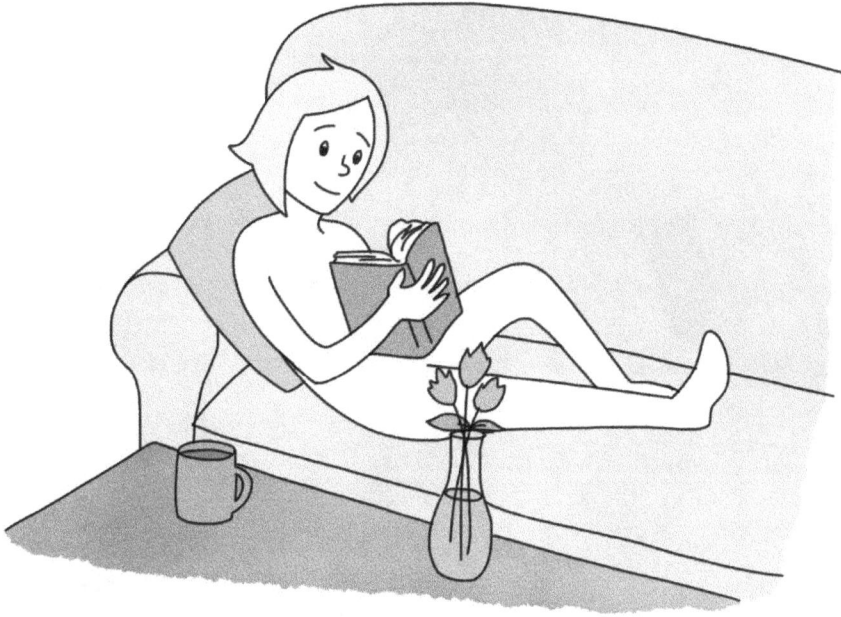

# CREANDO UNA ATMÓSFERA PARA CRECER

# Capítulo Siete: Pequeñas Grietas

Algunas veces en mi carrera, he tenido la oportunidad de reestructurar organizaciones con bajo rendimiento para ayudarlas a sanar y producir de nuevo. Creo que la transformación que observé en estos negocios comparte muchas características con mi proceso de sanación personal. A grandes rasgos, y tratando de sobresimplificar el proceso, tres cosas deben ocurrir: Primero, la organización necesita reconocer que la sanación les beneficiaría. En segundo lugar, el líder debe reconocer y celebrar los pequeños pasos; estos son direccionales y le dan esperanza a la organización de que logrará sus objetivos. Tercero, la organización debe perseverar. Debe permitir que muchos pequeños cambios produzcan un movimiento grande e impactante hacia el bienestar.

Siento que estos tres pasos, deliberadamente sobresimplificados, ilustran el viaje de un sobreviviente hacia la sanación. El sobreviviente debe primero decidir que quiere sanar y reconocer que la sanación es importante. Debe hacerse lo suficientemente vulnerable como para reconocer su quebrantamiento, aquello que se ha roto en su interior. A medida que comienza su viaje de sanación, también debe tener la intención de celebrar sus victorias.

La sanación no ocurre de la noche a la mañana, por lo que sin logros ni momentos de celebración, el viaje puede parecer demasiado largo. El punto final puede volverse difuso y la visión que genera esperanza puede ser débil. Debemos reconocer el progreso y el éxito que van ocurriendo en el momento y no centrarnos exclusivamente en el punto final. Y por último, debemos darnos cuenta de que en definitiva, será la suma de muchas pequeñas victorias la que creará un cambio duradero y monumental.

Me gustaría compartir contigo algunas piezas de mi concreto. Estas piezas, sin embargo, reflejan grietas y semillas. Estas piezas reflejan algo del poder que llevó al concreto a romperse en pedazos.

Empecemos con el *reconocimiento*. Fue supremamente difícil para mí decidir reconocer mi quebrantamiento. Quería creer que me encontraba bien. Quería creer que podía hacer que mi dolor desapareciera simplemente trabajando duro en "ser normal".

Comencé a asistir a la consejería en mis veintes, y fui bendecida con una consejera que me amaba genuinamente y quería que experimentara la vida en abundancia. Con el tiempo, fuimos avanzando. Me ayudó a enfrentar algunos asuntos realmente difíciles, pero yo aún no contaba con la fuerza interior para exponer toda la suciedad y el deterioro de mi alma. Cuando las cosas se volvieron demasiado complicadas, nunca más regresé.

Pero no desaproveché mi experiencia con esta consejera. Mi tiempo con ella fue como un tesoro. Pude experimentar las primeras etapas en mi proceso de reconocer el quebrantamiento de mi alma, y también de permitir que alguien me amara a pesar de mi suciedad. En ese momento, el mayor problema era que no me amaba, ni tenía la suficiente confianza en mí misma como para enfrentar el proceso de sanación.

Hay que tener agallas para reconocer que estás quebrantado. Se siente como si, una vez que expongas tu ruptura y tu necesidad de ayuda, podrías desmoronarte, y jamás recuperarte. El reconocimiento de alguna manera requiere una mínima convicción de que el concreto puede romperse, y que lo hará.

Para mis treintas, ya había viajado en la montaña rusa de la vida. Había muchas cosas buenas, algunas malas, y una molesta certeza en mi ser de que aún llevaba concreto y suciedad conmigo a donde fuese. Hice todo lo posible por convencerme de que podía estar bien sin tener que reconocer la suciedad y el deterioro.

Pero supongo que la vida siempre tiene una manera de hacerle caer en cuenta a una persona de sus errores. A mediados de mis treintas, había empezado a asistir de nuevo a la consejería, aunque en esta nueva etapa mi intención era lidiar con un tema completamente ajeno a mi experiencia con el abuso. Hoy, mi consejera recuerda con mucho amor nuestras primeras experiencias. Mi habilidad para relacionarme con ella era muy limitada. Mis respuestas eran casi robóticas y mi actitud dejaba muy en claro que no profundizaríamos más allá del problema por el cual había buscado ayuda. Ese era realmente el enfoque con el que veía la vida. No interactúes; simplemente funciona y funciona bien, para que nadie note tu suciedad.

El problema era que había demasiada suciedad, y me apretaba con fuerza. No tenía más espacio para la suciedad adicional que esta experiencia de vida había creado. Y cuando la nueva suciedad se mezcló con la vieja, ya no podía respirar. Le manifesté a mi nueva consejera que quería compartir con ella algunas cosas sobre mí.

Reconocer mi quebrantamiento era doloroso, ya que confiarle a alguien el conocimiento de mi experiencia no era un proceso natural para mí. Sin embargo, esa vulnerabilidad es uno de los logros de mi viaje de sanación. Realmente no le estaba reconociendo mi quebrantamiento a mi consejera. Me lo estaba reconociendo a mí misma. No era mi consejera a quien le estaba confiando los detalles de mi experiencia —era a mí misma—. Necesitaba observar y reconocer esos detalles. Y de lo profundo de este

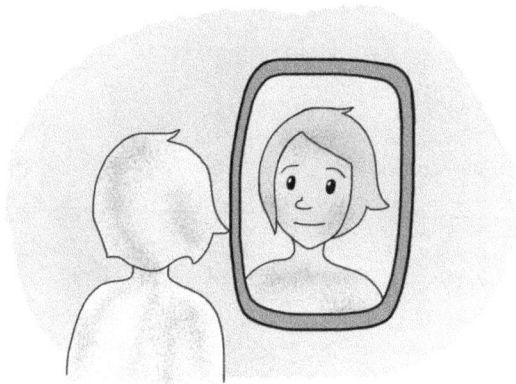

reconocimiento, surgió también un sentimiento de esperanza. Tenía que abrazar ahora la esperanza que existía en mí y creer que en realidad podría ser para mí.

La segunda etapa de mi viaje tiene una multitud de logros. El concreto se rompe; muchas grietas en el concreto ayudan.

Algunos cambios tempranos que noté en mí misma no estaban asociados con el cumplimiento de una meta; estaban asociados con mi disposición a mejorar. Estaba dispuesta a ser vulnerable en mis sesiones. Fue difícil. Estaba dispuesta a escribir en mi diario sobre sentimientos que antes había ignorado completamente. Estaba dispuesta a permitirme períodos de quebrantamiento. Enfrenté mi dolor, pero ahora, con el propósito de terminarlo. Incluso, estaba dispuesta a pedir ayuda. Compartí pequeños pedazos de mi suciedad con mis inversionistas emocionales. Les permití ver mi verdadero yo y que eligieran amarme sin importar quién era.

Si estás empezando tu viaje de sanación, la disposición de la que hablo es muy significativa. Es un cambio del corazón. Es casi un cambio del sistema de creencias. Es moverte del sistema de creencias que te dice que tienes el poder para curarte a ti mismo, a la convicción de que la ayuda y la sanación pueden requerir de algo más que tu simple determinación por estar bien.

No todos los logros iniciales se basan en la acción o tienen un objetivo específico. Empieza más bien por celebrar tu corazón. Por celebrar que sabes de corazón que hay esperanza, disposición, quebrantamiento y convicción.

Por último, no te preocupes demasiado por el resultado final. No sé realmente cuándo termina la sanación.

Honestamente, no estoy segura de que alguna vez termine, hasta que lleguemos al cielo. Pero estoy segura de esto: muchas pequeñas victorias equivalen a enormes y sorprendentes explosiones en tu concreto. Mi concreto está roto; me he lavado la suciedad. Cientos, quizás miles de grietas y logros sintieron la erupción que causó mi alma cuando finalmente pudo gritar victoria, a medida que mi concreto estallaba en pedazos.

Hoy, mi proceso de sanación está enfocado en vivir por encima de la suciedad. Estoy experimentando las flores, la hierba, los árboles y la belleza que me rodea. Pero no he terminado. Mi sanación simplemente se manifiesta de otra manera. Aún celebro los pequeños logros. Puedo mirar atrás y ver todos los pequeños cambios que han creado el entorno saludable y productivo en el que hoy vivo. Sé que mi futuro es brillante. Sé que los desafíos que hoy enfrento serán los logros que mañana recuerde.

Sobreviviente: ¡te animo a comenzar, a celebrar y a crecer! No sé en qué lugar te encuentres hoy en día, pero sé que si no existes intencionalmente, te podrías desanimar fácilmente. Hasta podrías abandonar tu viaje.

Evalúate brevemente con las siguientes preguntas:

- ¿Creo que sanar es importante? ¿O aún me concentro en apenas sobrevivir?
- ¿Me he dado la libertad de celebrar aquello en lo que siento que mi corazón se está convirtiendo? ¿O me enfoco más en curar comportamientos problemáticos?
- ¿Puedo permitirle a otros celebrar conmigo?
- Incluso si no conozco mi destino final, ¿puedo celebrar que muchos logros me han cambiado de manera significativa?
- ¿Podría permitirme ser paciente a lo largo del viaje de sanación?

Te animo a que reflexiones en tu diario sobre las preguntas anteriores. No es automotivación. Sé honesto con tus respuestas, incluso si son desagradables. Escribe aquello en lo que tu corazón crea. Un logro en tu vida podría simplemente consistir en realizar el mismo ejercicio de nuevo en tres meses. Puedes encontrar que tu corazón se está abriendo. Tal vez celebres tu disposición, tu compromiso, tu determinación o tu deseo. Hay algo en ti que es absolutamente hermoso. Y hoy, ¡lo celebro! Hoy, celebro que eres lo suficientemente comprometido como para leer este libro. Hoy, celebro que eres lo suficientemente fuerte como para escribir en tu diario.

### Actividad con tu Diario

Pasa a las páginas 91-92 y reflexiona sobre los conceptos 1, 2 y 3

# Capítulo Ocho: Viviendo bajo el Concreto

En este capítulo, quiero alejarme un poco de la analogía del concreto. Pero no te preocupes. Será algo momentáneo, porque hay mucho más que contar sobre la suciedad, el concreto, y la capacidad de romperlo y ser bañado en luz. Pero, por un momento, quiero desafiar a los sobrevivientes a evaluar sus sueños y a examinar sus vidas.

Hasta ahora, me he referido al concreto y a la suciedad desde una perspectiva emocional. Como sobreviviente, es probable que en algún momento de tu vida hayas experimentado las emociones relacionadas con la suciedad: deterioro, invisibilidad, impureza, muerte inminente, aislamiento y muchas más. Probablemente hayas tenido dificultades para respirar bajo el peso del concreto –una experiencia que te separó de lo que creías que la vida podía ser– y hayas sentido la incapacidad de alguna vez romperlo a pesar de tus esfuerzos sinceros y creído que el peso realmente te aplastaría.

A los sobrevivientes se necesita enseñarles técnicas de sanación. Este libro no está enfocado realmente en técnicas de afrontamiento, pero puedo decirte que son realmente muy importantes. Las técnicas de afrontamiento te pueden ayudar a estabilizar cuando el concreto y la suciedad se vuelvan demasiado difíciles de manejar. Por esta razón, y muchas más, recomiendo el proceso de consejería a todos los sobrevivientes. Si no lo puedes costear, hay excelentes libros que te pueden enseñar a lidiar mejor con tus emociones.

Pero, hablemos sobre el día de hoy. Tal vez hayas dado un gran paso para crear una grieta en tu concreto. Tal vez hayas compartido tu experiencia por primera vez, por quinta vez, o por decimoquinta vez. Es hora de mirar hacia adentro. Detrás de cada grieta siempre hay un sueño, una creencia de que la vida puede ser diferente. Un pequeñísimo sentimiento de que tal vez lo que estoy diciendo sea verdad; tal vez lo vales.

No existe realmente un lugar secreto debajo de una losa de concreto donde los sobrevivientes viven, pero las emociones que vienen con la suciedad y el concreto son algo que los sobrevivientes experimentan todos los días. Mi vida siempre ha dado la impresión, a los demás, de ser muy buena. Aprendí desde muy pronto que una enorme sonrisa podía aliviar cualquier sospecha de que mi vida no fuera tan alegre. Aprendí que el silencio y la obediencia podían impedir que los adultos llegaran a conocerme.

A medida que fui creciendo, perfeccioné mis técnicas. Trabajar realmente duro, lograr buenas calificaciones y siempre tener una sonrisa que reflejara confianza en mí misma serían las cosas que me llevarían a ser etiquetada como "buena". Y ser una niña buena me mantenía a salvo. No importaba que en realidad fuera sucia y no tuviera valor.

Ya de adulta, aprendí a aplicar mis técnicas para triunfar en los negocios. Toda mi vida, funcioné en automático. Mientras mi pared de concreto pudiera mantenerme separada, mientras no hubiera preguntas, mientras no tuviera una interacción real con otra persona, todo estaría bien. Nunca tuve que sentir nada; sólo tenía que funcionar como un robot.

La vida de sobreviviente era para mí el aislamiento. Mi técnica de aislamiento era volverme invisible. No tenía una técnica del corazón. Simplemente aprendí a no permitirle sentir. No tenía una técnica de amistad. Simplemente mantenía alejados a todos. Y definitivamente no tenía una técnica de propósito, porque sentía que no tenía uno. Lo que sí tenía era una pequeña esperanza en algún lugar dentro de mí, de estar equivocada. Una esperanza de que tal vez todas esas cosas sí podían ser para mí.

Mi medicamento para el dolor era ser "buena"; al menos lo suficiente como para funcionar. Algunos sobrevivientes eligen un camino diferente. Algunos sobrevivientes buscan relaciones poco saludables y potencialmente abusivas, porque creen que les ayudarán a sentir que al menos pertenecen a algún lugar. Seguramente alguien se preocupa por ellos. Seguramente alguien puede sacarlos del aislamiento producido por el concreto y la suciedad.

Si eres un sobreviviente que ha tratado de sentir que pertenece a través de amigos drogadictos, una nueva pareja, compañeros de pandillas, o lo que sea, te invito ahora mismo, en este momento exacto, a darte cuenta de que ellos son tu medicamento de elección para curar el aislamiento. Pero no son tu verdadero problema. Tu aislamiento, tu dolor, tus sentimientos de inutilidad, tus secretos, —estos son tus problemas—. Jamás encontrarás lo que estás buscando en "medicamentos". Estos sólo ocultan el problema. Mi "medicamento" del éxito me dejó sintiendo tan vacía como tu "medicamento" te deja sintiendo a ti.

¿Qué puede llenar el vacío? ¿Qué puede agrietar tu concreto? Lo que puede comenzar tu sanación es la determinación y los sueños. Creo que todos hemos sido creados a imagen de Cristo. Y en Él hay plenitud, aceptación y poder. Entonces, si hemos sido creados a Su imagen, ¿por qué existen la suciedad y el concreto? Planeo compartir contigo partes de mi concreto que para mí responden a esta pregunta. Pero, por ahora, no nos enfoquemos en el "por qué". Enfoquémonos en cambio en el "qué". ¿Qué es lo que en tu corazón todavía crees? ¿Qué es lo que en tu corazón todavía esperas? ¿Cómo sería tu vida si finalmente supieras quién eres?

La primera vez que utilicé mi diario para tratar de responder a estas preguntas, me sentí desesperanzada. Sabía profundamente que tenía la esperanza de algún día vivir, pero a veces esa esperanza parecía tan poco realista, que ni siquiera podía convencer a mi cerebro de imaginar un futuro. Fue este otro de los momentos en los que quería enterrarme en la suciedad y animar al deterioro a que hiciera su labor lo más rápido posible. Pero afortunadamente, soy muy obstinada, así que continué haciéndome las mismas preguntas.

Recuerdo estar en casa, de pie, sujetando una columna que separaba la sala del comedor y caminando en círculo a su alrededor mientras cantaba: "Soy un robot. Me despierto. Voy a trabajar. Vengo a casa. Trabajo más. Voy a dormir. Lo hago una y otra vez. Soy un robot." La idea de soñar era simplemente estúpida. La gente como yo no tenía un propósito. La gente como yo sólo existe hasta que finalmente muere.

Mi cerebro debió haberse cansado de que perdiese tanto tiempo con las mismas preguntas, porque finalmente un sueño apareció. Mi sueño era ayudar a otros a vivir una mejor vida de la que yo viví. No creía que hubiera esperanza alguna de que yo pudiera disfrutar de esa mejor vida, pero creía que era posible para los demás. Y quizás, podía ayudarles a encontrarla. Hoy lo entiendo. Era un sueño patético. Aún no creía que pudieran pasar cosas buenas en mi vida. Pero fue un increíble punto de partida. Tenía algo en qué enfocar mi vida. Viví en ese pequeño sueño durante mucho tiempo. Aprendí a soñar en nombre de otras personas. Al fin tenía algo por qué vivir.

Debes tener un punto de partida. Necesitas soñar. O es posible que ya lo hagas, pero tu sueño es demasiado pequeño. Tal vez sólo puedas soñar por otras personas. No sé en qué lugar del viaje te encuentras, pero sé que tienes un propósito. No tienes por qué sólo existir debajo del concreto. Es hora de abrir tu mente al concepto de que puede haber más. Es posible que tengas un propósito realmente grandioso. Podrías cambiar el mundo. Podrías ser el motivador o el inversionista de otra persona. ¿Cómo lo sabrás hasta que no te arriesgues a soñar? Creo en las metas. Creo que la esperanza se puede encontrar en el propósito. Creo que tus sueños y tu propósito están conectados.

Es hora de sacar un cuaderno y hacerte tres preguntas: (1) ¿Qué quiero? (2) ¿Por qué importo? (3) ¿Cuál es mi sueño y qué paso puedo dar, ahora mismo, para que ese sueño se convierta en realidad?

No elegiste sufrir de abuso. No debes permitir que tu experiencia de abuso te aísle y te defina. Tu historia es creada por tus elecciones. Puedes elegir soñar. Puedes elegir vivir. Puedes elegir ver tu sueño romper tu concreto. No elegiste ser abusado, pero sí puedes elegir vivir.

**Actividad con tu Diario**

Pasa a las páginas 93-94 y reflexiona sobre los conceptos 4, 5 y 6

# Capítulo Nueve: Límites

Crecer en atmósferas inseguras me dio la opción de interiorizar dos límites extremos: la ausencia de límites y los límites rígidos. Si aprendí algo de la conducta de mi abusador, aprendí que los límites no existían. Hacer daño, invadir, sentir a expensas de otra persona y la experiencia misma eran más importantes que cualquier otra cosa. Y si aprendí algo de las palabras de mi abusador, aprendí que los límites eran extremos, rígidos. Yo debía permanecer separada. Nadie podía saber de mí. La cercanía era peligrosa. Crecer en atmósferas inseguras me impidió aprender que los límites difieren de relación a relación y de momento a momento.

Comenzando mi vida adulta, estos extremos me llevaron a tener una visión dicotómica; para mí todo era blanco o negro. Sé que algunos sobrevivientes no establecen límites con la esperanza de ser aceptados, aunque sólo sea por un momento. Yo fui al extremo opuesto. La separación que producía el concreto, en mi mente, se traducía en seguridad. Sí, estaba atrapada en la suciedad —me estaba deteriorando— pero bloquear a todo el mundo de mi experiencia tenía que ser más seguro que ser lastimada de nuevo, ¿verdad? Sí, estaba sola. Sí, estaba muriendo. Pero no me estaban lastimando... ¿verdad?

Mentira. Todo era un acto, y logré dominarlo. Tenía la sonrisa perfecta que podía convencer a cualquier persona de mi felicidad. Pero estaba muriendo; buscaba seguridad. Mi comportamiento extremo para alejar a los demás también estaba alejando mi capacidad de experimentar la vida. No podía romper mi concreto porque lo necesitaba para protegerme. Lo necesitaba para mantenerme separada.

Sobreviviente: no sé cómo has procesado los límites en tu vida, pero sé que te enseñaron unos muy perjudiciales. El acto de abuso es un límite muy dañino. Los límites representan respeto; respeto hacia los demás, respeto hacia uno mismo y respeto hacia el mundo. Las personas que cometen abusos ignoran el respeto y adoptan una mentalidad de que sólo ellos importan. Sólo sus emociones y deseos son importantes. Esta mentalidad es inaceptable.

No sé si aprender acerca de los límites siendo un adulto sea una experiencia diferente a aprender acerca de ellos siendo un niño. Sí sé que necesitaba mucha orientación. También sé que aún estoy aprendiendo. Y quiero compartir contigo algunos conceptos básicos de lo que he aprendido.

Los límites se encuentran en la compasión, en el respeto propio, en un deseo de promover la salud y la seguridad y en un anhelo por aportar claridad. Ninguno de estos conceptos puede desarrollarse completamente en la suciedad. De manera que, si aún estás en tu viaje de sanación, date cuenta de que también estás en un viaje de crecimiento en el cual irás tomando cada vez mejores decisiones a la hora de establecer límites con tu entorno. Este viaje de sanación es un proceso de por vida.

Hay un par de herramientas que he utilizado para crear mis límites y evaluar los límites de otras personas. La primera es *la pausa*. ¿Puedo encontrar la disciplina en mí para tomar la pausa suficiente y ver el límite a través de los lentes de la compasión? ¿Puedo tomarme el tiempo para tratar de entender al otro y observar el límite a través de sus ojos? Y en cuanto al respeto propio; ¿me hará sentir este límite negativa o positivamente acerca de mí mismo? ¿Está alineado con mi sistema de valores? ¿Es beneficioso para mí? Por último, ¿el valor está promoviendo la salud y la seguridad? ¿Es una decisión sabia? ¿Qué me dice el límite sobre mi relación actual?

Toma tiempo responder estas preguntas. Toma tiempo darse cuenta de la importancia de hacerlas y toma tiempo desarrollar destreza en la segunda herramienta, que es la *comunicación*. La comunicación y los límites están estrechamente relacionados. He visto que la comunicación juega un papel decisivo en todas mis relaciones. Quiero contarte sobre un par de ellas.

Tengo una amiga que tiene dificultades a la hora de comunicarse. Para ella, todo es blanco o negro y a menudo sus comentarios pueden parecer muy críticos. También tiene mucha dificultad para ver el mundo a través de los ojos de otros, ya que su sistema de valores le reafirma esta visión extrema. También es una gran amiga. Sabe escuchar. Realmente se preocupa y piensa lo mejor de mí. Considero su amistad importante, así que debí aprender a tomar una pausa, a procesar lo que realmente estaba tratando de decir — en lugar de concentrarme sólo en sus palabras— y a comunicarme.

Su pensamiento en blanco y negro a menudo venía con límites. Aprendí a reinterpretar lo que pensaba que ella quería decir con el límite y a abrir la comunicación para discutir sobre su importancia y si yo estaba de acuerdo con él. También aprendí que a veces la comunicación desvelaba que lo dicho no era en realidad un límite, sino una falta de comunicación. Finalmente, aprendí a establecer un límite para verbalizar mi incomodidad en una conversación y expresar la necesidad de que terminase si así lo deseaba. En este ejemplo, creo que estos límites y la capacidad de comunicarnos abiertamente sobre ellos, han fortalecido nuestra amistad.

A veces, sin embargo, los límites no son negociables. Este fue el caso que viví con ciertas personas muy importantes de mi pasado. La base de la confianza requiere de límites, y en este caso, los límites de los individuos a los que me refiero no eran correctos. Desafortunadamente, esto llevó a que los involucrados, incluyéndome, resultásemos lastimados.

Trabajé con estas personas durante un largo periodo de tiempo para poder crear y comunicar límites aceptables. Sin embargo, cuando el daño entró en la relación, mi límite se tuvo que volver rígido e inamovible para proteger a mi familia. Puse el límite por escrito y expliqué los pasos necesarios para cambiarlo. Uno de los pasos era que estas personas debían reconocer y admitir el dolor que sus acciones habían causado. Esto no sólo no ocurrió, sino que la falta de límites y el daño ocasionado se hicieron aún más peligrosos para mi familia. Establecí otro límite y también lo puse por escrito, para evitar que pudieran ocurrir más daños. Al día de hoy, muchos años después, aún no tenemos relación con estas personas.

Quiero hacer una pausa para exponer un concepto muy importante. Algunas veces los límites son dolorosos, pero nunca hacen daño. Esta es la diferencia. En mi último ejemplo, la terminación de la relación fue dolorosa, emocionalmente hablando. Lamenté la pérdida. Lamenté la pérdida de lo que soñaba que hubiera podido ser la relación. Lamenté aquello que había invertido en ella. Incluso lamenté el dolor en la relación y el hecho de que no había sido capaz de resolverlo. Supongo que la gente del otro lado de la relación también lamentó lo sucedido. Sé que deseaban que las cosas fuesen diferentes, pero la relación no era segura. Es aquí donde la diferencia entre el dolor y el daño se vuelve importante.

El dolor del que estoy hablando es compasivo, esperanzador, emocional. Es el dolor de un sueño no realizado o no experimentado. El daño, en cambio, es una experiencia física o emocional abusiva que deja rastros negativos y que proviene de la falta de límites. Sobreviviente: permitir que te lastimen constante o periódicamente es una elección. Debes elegir terminar con esa situación. Crea un límite que reconozca que tu salud y seguridad son mucho más importantes que toda relación negativa. El abuso es un límite perjudicial, y tú mereces más respeto que eso.

Hagamos otra pausa. Los niños en experiencias abusivas no tienen las herramientas para liberarse de la situación. Sus abusadores claramente no respetan su necesidad de límites. Muchas organizaciones se han creado para proteger a los niños y otras personas que lo necesitan. Me detengo aquí para recordarte, sobreviviente, que no debes responsabilizarte del abuso ocurrido en tu infancia. No tenías las herramientas para protegerte, y el abuso no fue tu elección.

La última herramienta que quería mencionar aquí es que establecer límites puede ser difícil, y puede requerir de mucho sacrificio. En el segundo ejemplo que compartí contigo, perdí algo más que una relación. Nuestra familia tuvo que mudarse; debimos cambiar de autos, de trabajos y de números telefónicos. Por un tiempo, tuvimos que tomar conciencia de nuestro nuevo entorno y estar vigilantes para garantizar nuestra seguridad en él.

Hay muchas emociones envueltas en un cambio tan dramático. Francamente, durante un tiempo, no experimenté ni paz ni libertad en nuestra nueva vida. Me sentía atrapada al tener que estar en constante alerta. Hoy, puedo decirte que el sacrificio en ese periodo de tiempo tan difícil, valió la pena. Mi familia está a salvo. Puedo relajarme y enfocarme en ser una buena madre. La paz seguirá al sacrificio.

Si tu límite es de una naturaleza extrema, ten en cuenta que existen organizaciones que te ayudarán a mantenerte seguro. No permanezcas en una relación perjudicial sólo porque crees que no tienes más opciones. Las tienes. Puede que tu vida sea alterada por un tiempo, pero podrás recuperar la estabilidad.

En casos menos extremos, los límites también pueden requerir sacrificio. Posiblemente descubras que hay situaciones de las que no puedes participar. Algunas amistades pueden debilitarse, o la comunicación puede volverse incómoda. Pero comprende que estos sacrificios también se estabilizarán con el tiempo. El límite se convertirá en algo que te produce orgullo, porque te respetaste a ti mismo y a la situación lo suficiente como para hacer lo correcto.

Sobreviviente: concluyo recordándote que los límites toman tiempo para aprenderse. Los límites son distintos en cada relación. Los límites también cambian con el tiempo. Pero, los buenos límites abren la puerta a la vulnerabilidad... a la vulnerabilidad saludable. Los buenos límites te brindan la oportunidad de desafiarte a ti mismo, la oportunidad de aprender sobre ti y los demás y la oportunidad de experimentar seguridad y compasión en la vida.

Los límites también te permiten aprender vulnerabilidad en la comunicación. Te brindan la oportunidad de verbalizar algo y aprender que se puede estar de acuerdo o no, pero siempre con respeto a tu persona. Por último, los límites pueden darte la libertad para protegerte y aceptar el valor de la autoestima.

Te animo a que empieces con dos de tus relaciones clave. Evalúa cada relación desde tu perspectiva y desde la del otro. Identifica los límites que existen y ten la disposición de desafiar la relación en áreas donde pueda crecer.

Si aún estás en un punto de tu viaje de sanación en el que no te has permitido experimentar relaciones significativas, puedes hacer este ejercicio con colegas de trabajo, vecinos o simplemente contigo mismo. Tal vez puedas identificar áreas en ti que te impiden desarrollar nuevas amistades. El trabajo con los límites es difícil, así que sé paciente contigo mismo. Tus límites serán más claros a medida que experimentes el mundo y desarrolles la confianza para funcionar en él.

**Actividad con tu Diario**

Pasa a las páginas 94-95 y reflexiona sobre los conceptos 7, 8 y 9

# Actividad del Logro 3 con tu Diario Personal
## Creando una Atmósfera para Crecer

El ambiente óptimo para el crecimiento permite a los sobrevivientes celebrar y soñar en un entorno seguro.

Tu tercer logro te ayudará a evaluar la mejor manera de optimizar tu atmósfera de crecimiento.

## Concepto # 1: Reconocer tu quebrantamiento requiere de agallas

¿Qué te hizo decidir que la búsqueda de la sanación valía la pena aguantar el dolor de enfrentar tu quebrantamiento?

_____

_____

_____

_____

_____

_____

_____

_____

_____

_____

_____

_____

_____

_____

_____

_____

## Concepto # 2: Celebra los pequeños pasos

¿Qué cambios has experimentado en tu corazón mientras recorres tu viaje de sanación? ¿Cómo puedes celebrar esas victorias de manera intencional?

_____

_____

_____

_____

_____

_____

_____

_____

## Concepto # 3: Persevera, ¡y jamás te des por vencido!

¿Cómo la suma de muchas pequeñas victorias ha creado un cambio monumental en tu vida? Si aún no has experimentado un cambio monumental, escribe sobre cómo sueñas que será ese día.

_____

_____

_____

_____

_____

_____

_____

_____

_____

## Concepto # 4: La habilidad de soñar es poderosa

¿De qué forma tu experiencia de abuso ha doblegado tus sueños? ¿Puedes declarar hoy que tu experiencia de abuso no vencerá y que podrás soñar de nuevo?

_____

_____

_____

_____

_____

_____

_____

_____

## Concepto # 5: Tengo un propósito

¿Qué quieres en la vida? ¿Por qué tu vida importa?

_____

_____

_____

_____

_____

_____

_____

_____

_____

## Concepto # 6: Mis sueños y mi propósito están conectados

¿Cuál es el sueño que tienes para tu vida? ¿Qué paso puedes dar hoy para acercarte a él?

_____

_____

_____

_____

_____

_____

_____

_____

_____

_____

## Concepto # 7: El acto de abuso es un límite dañino

¿Cómo tu experiencia de abuso ha desafiado tu capacidad para sentirte seguro? ¿Cómo ha desafiado tu capacidad para sentirte respetado?

_____

_____

_____

_____

_____

_____

_____

_____

_____

_____

## Concepto # 8: Características de los límites saludables

El libro afirma que los límites saludables se encuentran en la compasión, en el respeto por sí mismo, en un deseo de promover salud y seguridad, y en un anhelo por aportar claridad. ¿Qué desafíos enfrentas a la hora de establecer límites saludables en tus relaciones?

_____

_____

_____

_____

_____

_____

_____

_____

## Concepto # 9: Los límites pueden ser dolorosos, pero nunca hacen daño

¿Existen relaciones dañinas en tu vida que te impiden crecer en tu viaje de sanación? ¿Cómo te pueden proteger los límites en esta situación? Si no estás en una relación perjudicial, ¿qué relaciones en tu vida se podrían beneficiar de mejores límites?

_____

_____

_____

_____

_____

_____

_____

_____

# Logro 4:

# ENTENDIENDO TU PROPÓSITO

# Capítulo Diez: Un Momento de Pausa

Sobreviviente: quiero hacer una pausa y compartir contigo los detalles de las experiencias sobre las que leerás en los próximos tres capítulos. Para algunos, estos serán los capítulos más difíciles de procesar en este libro. Por favor, léelos de todos modos. Verás, la sanación completa sólo puede encontrarse en Cristo. Sin embargo, como sobreviviente, esa afirmación era increíblemente difícil de aceptar. Dios me pedía ciertas cosas, como confianza, que yo simplemente no sabía cómo dar. También estaba enojada con él. Después de todo, Él controla el mundo y todo lo que hay en él. ¿Por qué no me ayudó?

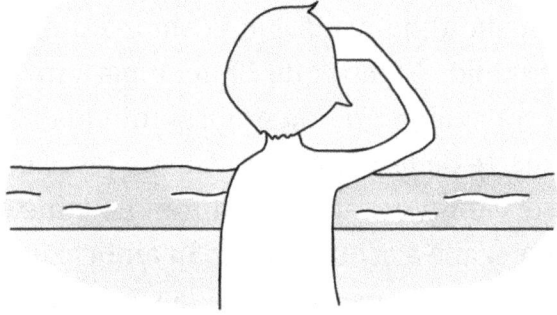

Los siguientes tres capítulos fueron escritos durante fases muy diferentes de mi vida y de mi deseo por conocer a Dios. Los patrones mentales que experimenté durante estos capítulos te mostrarán los cambios que fueron ocurriendo en mi disposición por conocer a Dios. Pensé en editar estos capítulos para compartir la historia de la forma en que la escribiría hoy, pero al final decidí que era más importante para ti sentir las etapas a medida que las iba experimentando durante el viaje.

El capítulo "Dónde estaba Dios" fue escrito en un tiempo de creencia sin experiencia. Realmente creía en las palabras de la Biblia. Mi convicción era tan fuerte que incluso a veces me enojaba con Dios. Le decía cosas como, "leí en la Biblia que una dama tocó el manto de Jesús y fue sanada. Creo que esto realmente sucedió, y que tú puedes hacerlo. Entonces, ¿por qué no lo haces? ¿Por qué no puedo ser sanada al instante?"

Utilicé diversas Escrituras para indicarle a Dios que Él tenía el poder para hacer las cosas, pero que simplemente no las haría. No sentía que Dios se preocupaba lo suficiente como para hacerlas por mí. Leer este capítulo se sentirá un poco académico. Mi experiencia con Dios en ese tiempo era precisamente eso —académica—. Creía, pero no estaba experimentando, comprendiendo, o viviendo mi vida en comunión con Dios.

A medida que avanzas a "El Amor de un Padre", sentirás al Señor colmándome con todo el amor que Él tiene para mí. Me verás empezar a entender que la conexión entre Su amor y mi vida fue Su hijo, Jesucristo. No fue sólo la muerte de Jesús, sino la vida de Jesús la que me cambió. Mientras escribía este capítulo, aún no comprendía o me conectaba completamente, pero ya empezaba a sentir y a ver Su amor. Fue después de escribir el capítulo que finalmente entregué mi vida y abracé el amor de Cristo.

El último capítulo del logro, "Creando Vínculos", fue escrito durante un tiempo de sanación espiritual. El amor de Cristo ya era real y me sentía definitivamente desbordada por Su presencia. No tenía idea de lo maravilloso que sería el viaje para conocerlo, pero sí sabía que era mi elección experimentarlo todos los días.

El abuso, las reglas excesivamente estrictas y mi propia interpretación de la vida me llevaron a creer en un Dios poderoso, pero distante e indiferente. Creía que Jesús estaba enojado conmigo porque yo era mala. Cargué con estas creencias durante muchos años. No es que no quisiera el amor de Jesús, porque sí lo quería, lo quería desesperadamente. Simplemente parecía que no era para mí. Yo no era aceptable para su amor.

Todas esas creencias venían de la suciedad y me agobiaban como toneladas de concreto pesado. Pero todas esas creencias eran falsas. Hoy vivo realizada. No importa lo difícil que sea enfrentar este tema, es el más importante.

### Actividad con tu Diario
Pasa a las páginas 119-120 y reflexiona sobre los conceptos 1, 2 y 3

# Capítulo Once: ¿Dónde estaba Dios?

La pregunta "¿Dónde estaba Dios?" Es tal vez la pregunta más obvia que espero la gente se haga mientras procesa los detalles de mi experiencia. ¿Cómo pudo un Dios de amor permitir que me hirieran tan gravemente? ¿Por qué no impidió la situación? ¿Dónde estaba?

Me pregunto si todas estas dudas no reflejan más sobre mí, más sobre mi defectuoso sistema de creencias y más sobre mi dolor, que sobre la historia de Dios. Déjame tratar de explicar.

Nacimos en un mundo quebrantado y pecador. En el libro de Génesis, Dios les dice a Adán y Eva que su pecado los separará de la profunda y vulnerable relación que habían experimentado con Él en el jardín del Edén. Les dice que la vida será dura. El abuso es injusto, pero no creo que Dios nos haya prometido alguna vez justicia en un mundo quebrantado. Sí creo que en mi quebrantamiento, mi necesidad por un Salvador se hace excesivamente evidente. Sí creo que la injusticia que he experimentado contrastará enormemente con la perfección del cielo cuando llegue a él. No te diré que gente malvada no quebrantó mi alma, y en maneras imposibles de comprender. No te diré que lo que me sucedió estuvo bien. Pero sí te diré que el llanto desesperado de mi vida quebrantada es exactamente la necesidad que me llevó a rendirme a mi Salvador.

Dios nos dio libre albedrío, el poder de elegir. Él desea que nosotros seamos como Él, a Su imagen. Sin embargo, desde el jardín del Edén, Él nos ha concedido la libertad para elegir si queremos ser como Él, o no. En el jardín había muchos buenos regalos, entre ellos miles de árboles que proporcionaban bendiciones. Pero también había un árbol que era preciso evitar —uno que se nos pidió no tocar—. De alguna manera, incluso antes de que los árboles fueran creados, Dios ya sabía.

Él sabía que nos daría el poder para elegir. Él sabía que no siempre tomaríamos las mejores decisiones. Él sabía que nuestras malas decisiones nos separarían de Él. Él sabía que la única manera de resolver esta desconexión era a través de la muerte de Su Hijo y el sacrificio de Su vida por nuestras decisiones. Y aun así, nos dio el poder para elegir. Podemos elegir entre el bien o el mal. Podemos elegir entre estar separados de Dios o vivir en una relación activa con Él. Podemos tomar la decisión de aceptar la reconciliación ofrecida por la muerte de Jesús.

A nuestros abusadores se les dio el mismo poder de elegir. Nuestras vidas son creadas por nuestras decisiones. Nosotros no tomamos la decisión de sufrir de abuso, pero nuestros abusadores sí tomaron la decisión de abusar de nosotros. Esa es su historia, su elección. Un Dios de amor, que nos concede la capacidad de elegir entre aceptarlo o rechazarlo, también concede esta elección a nuestros abusadores. No existe una línea mágica que determine cuándo está bien tomar ciertas decisiones y cuándo está mal tomar otras, sólo porque esa decisión sea una muy mala.

Noé vivió en un tiempo de corrupción, y sin embargo, Noé eligió seguir a Dios. Dios lo usó para decirle a la gente que el juicio venía y que un gran diluvio destruiría el mundo. Dios incluso hizo que Noé construyera un barco enorme que representaba visualmente la capacidad de la gente para elegir entre la vida o la muerte. Todos los que no subieron a bordo del barco hicieron su elección. Eligieron la muerte.

Dios no despertó un día con un ataque de ira y destruyó el mundo sin una advertencia previa. En cambio, Él esperó amorosamente a que el barco fuese construido, a que un mensaje fuese entregado y a que las opciones fuesen presentadas. No hubo taladros potentes. No hubo una máquina que acelerara la producción. La gente observó mientras el barco era construido, tabla a tabla. Aquellos quienes no entraron en el barco, tomaron su decisión.

Tu abusador también tomo una decisión. Nadie está obligado a ser un abusador. Ellos hacen una elección, la elección de lastimar a alguien. Pueden incluso haber hecho esa misma elección numerosas veces. Recordemos que debemos poner la responsabilidad de la decisión en la persona que la tomó.

Sin embargo, Dios está siempre presente. Es realmente difícil para mí imaginar a Dios o a Jesús estar presentes mientras abusaban de mí. Parece más fácil pensar que de alguna manera Él estaba ausente, que de alguna manera Él no tenía el control de una situación caótica. Pero la Palabra de Dios claramente indica que Él nos ha amado con un amor eterno y que Él nos ha atraído con misericordia (Jeremías 31:3, NVI). La Biblia nos dice que Él está en la puerta y nos llama, y que Él busca que le permitamos entrar. Estos versículos, y muchos más, hablan de un Dios que quiere ser parte de nuestra vida, cada minuto, cada día.

Dios no está tan sorprendido por las malas decisiones, por el mal y por el abuso, que tenga que estar ausente. Pero Él está dispuesto a estar en el centro —en el núcleo— de nuestra existencia quebrantada en esta tierra. Él está dispuesto a permitir que Su amor eterno nos consuma. Él está dispuesto a permanecer en nuestros corazones. Él está dispuesto a traernos estabilidad hoy mismo. Él está dispuesto a traernos esperanza. Y Él está dispuesto a ofrecernos un hogar eterno en el que no habrá pecado, sino plenitud, y donde lo celebraremos a Él por toda la eternidad.

Hay varias maneras en las que creo que veo evidencia de la presencia de Cristo en mi experiencia de abuso. Primero, mi habilidad para sobrevivir me señala directamente a Aquel que me la concedió. Cuando una persona experimenta un trauma, su cerebro, su comportamiento y todo su ser logran adaptarse a esa situación. Un ejemplo de esta adaptación para mí fue la represión de la memoria. Casi no puedo recordar grandes pedazos de mi experiencia. Habría sido demasiado para mí procesar toda la experiencia si tuviera que vivir diariamente con la realidad de mi situación. Así que olvidé. En mi caso, incluso establecí rituales que utilicé para ayudarme a olvidar. Creo que esto fue una bendición.

Otra técnica de adaptación que utilicé fue la sumisión. De niña, necesitaba ser obediente para permanecer segura. Mi obediencia era extrema, dañina, y las personas a quienes obedecía eran perversas y estaban muy equivocadas. Pero en mi experiencia, luchar me habría producido más traumas. Una tercera técnica de adaptación fue la creencia. Aún en las horas más oscuras de mi vida, poseía una esperanza inexplicable. Creía que mi mundo cambiaría. Interactué con el mundo a través de los ojos del optimismo. En lo más profundo de mi alma, sabía que mi vida valía mucho más de lo que estaba experimentando en ese momento.

Quiero aclarar algo. Primero, estas no fueron todas mis técnicas de adaptación. Segundo, no todas estas técnicas eran saludables. Las técnicas de adaptación que me permitieron sobrevivir al trauma tuvieron que ser reevaluadas a medida que empezaba a romper mi concreto. Cuando ya había alcanzado un pequeño nivel de seguridad, tuve que aprender a funcionar de nuevo en un mundo que no era definido por el trauma.

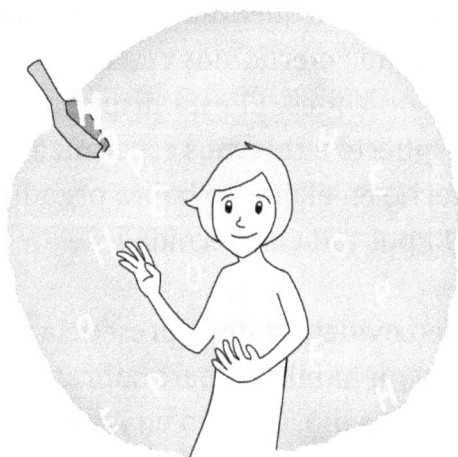

Mi supervivencia demuestra que el poder de Dios es inmensamente mayor que el poder del mal. Mi habilidad de adaptarme y minimizar el dolor fue un regalo creativo concedido por Dios para permitirme reconocer el quebrantamiento y el mal; para sentir su impacto pero no ser permanentemente incapacitada por él. Esta esperanza, que no tiene una explicación humana, fue un regalo de Dios mismo.

Aún no estaba lista para aceptar Su regalo eterno, pero Él siguió buscándome. Él me amaba con amor eterno. Él me recordó que yo estaba hecha a Su imagen. Él esperó hasta que yo estuviera lista para abrazar Su amor y le permitiera transformar mi corazón en Su hogar. Y, por último, mi sanación refleja Su plenitud. Sólo hay una manera en la que puedo ser plena. Dios me creó para comulgar con Él. La conexión y la comunión que Él estableció con la creación de Adán y Eva surgieron con un soplo de su aliento concediéndonos nuestra existencia.

Sin reconocer Su existencia, sin experimentar un pequeño atisbo de Su naturaleza, yo nunca experimentaría el amor. Sólo el amor y la aceptación incondicional traen plenitud y sanación.

Quizás has rechazado a Dios. Quizás lo culpas por las acciones realizadas por tu abusador. Quizás estás experimentando tanto dolor que simplemente no puedes imaginar a alguien más amándote. Quizás, sólo quizás, todo lo que has creído acerca de Jesús es falso.

Él tomó la decisión de crearte. Él desea interactuar y tener comunión contigo. Él te conocía aún antes de que fueras creado en el vientre de tu madre. Tus días no eran un secreto para Él. Él te acompañará en tu dolor. Él ya lo hizo.

Jesús sintió el dolor de tu experiencia cuando Él estaba separado de Dios en la cruz. Jesús sintió el dolor de tu experiencia cuando Él pagó el precio por el pecado de tu abusador.

Sé que Él desea ser parte de tu vida. Ya has vivido lo suficiente sin la plenitud que puedes encontrar en Cristo. El único amor que es completo e incondicional es encontrado en Él.

La Biblia dice: "Si confiesas con tu boca que 'Jesús es el Señor', y crees en tu corazón que Dios lo levantó de entre los muertos, serás salvo." (Romanos 10:9, NVI). Puedes comenzar a tener comunión con Aquel que te completa.

El abuso te aisló. Te sentiste solo. Creíste estar solo en la suciedad. La realidad es que nunca estuviste solo. Jesús ha estado esperándote, amándote y deseando abrazarte, para amarte de una manera en la que sólo un Dios perfecto lo puede hacer.

### Actividad con tu Diario

Pasa a las páginas 121-123 y reflexiona sobre los conceptos 4-9

# Capítulo Doce: El Amor de un Padre

Amo a mis hijos. Creo que son las bendiciones más grandes de mi vida. Mis hijos me devuelven este amor. Me aman y confían en mí para que cuide de ellos.

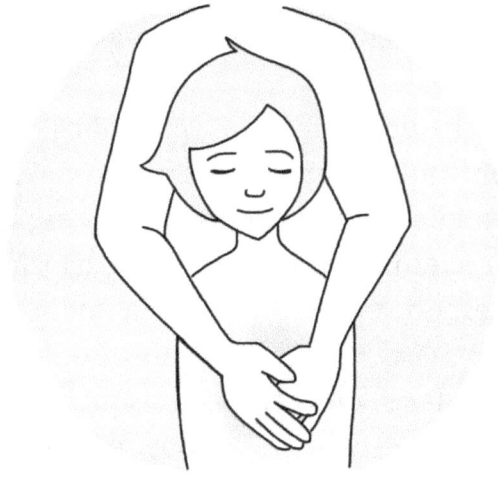

Una cosa importante en nuestro hogar es la rutina que tenemos a la hora de dormir. Creo que el buen sueño es importante para el desarrollo físico, emocional y espiritual de mis hijos. Nuestra rutina a la hora de acostarnos consiste de varias tareas, como cepillarnos los dientes, y algo de tiempo de calidad juntos, como leyendo. Cada uno de mis hijos duerme en su propia cama.

Mi hija ama a su mami. Para ella, mis abrazos, besos o el tiempo que pasamos juntas nunca son suficientes. Después de que empezó la escuela, un nuevo patrón surgió en su comportamiento. Cada noche, alrededor de las 2:00 am, se levantaba de su cama, se escabullía en la cama de mamá y se volvía a dormir. Cuando yo despertaba tres horas más tarde, encontraba un pequeño angelito dormido al otro lado de mi cama, feliz. No detuve sus viajes de madrugada. Tenía curiosidad por ver si continuaban.

La siguiente fase de sus viajes de las 2:00 am emergió en una oración. Ella oró, "Dios mío, por favor asegúrate de que despierte a tiempo para ir a la cama de mamá." Esta oración continuó durante un par de años, pero después de un par de meses, no pude mantener mi curiosidad por más tiempo. Le pregunté, "Lizzy, ¿cómo te sientes cuando vienes a la cama de mamá?" Su sonrisa casi explota mientras respondía, "¡muy emocionada!"

Recuerda, ella no me despierta en sus viajes, yo sigo durmiendo. La primera vez que me doy cuenta de que está en mi cama es cuando despierto a la mañana siguiente. Y cuando la veo, usualmente lo primero que hago es darle un abrazo mientras duerme. Debo admitir que yo también siento un poco de ese "¡muy emocionada!" que ella siente. Me gusta el hecho de que lo primero que veo en la mañana es una de mis personas favoritas en el mundo.

A medida que estos pequeños "viajes" continuaban, decidí averiguar por qué seguían ocurriendo. Sabía que no iban a durar para siempre, ya que era consciente de que el patrón cambiaría a medida que mi hija creciera. Pero aún sentía la curiosidad de saber por qué ella podría querer despertarse en medio de la noche y venir a mi habitación.

A lo largo de varias conversaciones, descubrí que el patrón comenzó por culpa de unas pesadillas, por lo que ella creía que estaría más segura conmigo. A medida que le enseñé a orar por paz en su sueño, las pesadillas terminaron, pero el comportamiento continuó. Más adelante me dijo que a ella simplemente le encantaba estar con su mami y que escabullirse a mi habitación era una de las mejores cosas en su vida.

Mi corazón no alcanza a contener todo el amor que tengo por mis hijos. Creo que los amo con toda la capacidad que tengo para amar. Sin embargo, también soy consciente de que soy un ser humano que vive en un mundo quebrantado. Aun cuando ofrezca todo el amor que desborda mi corazón, el amor por mis hijos no se puede comparar con el amor que un Padre perfecto y pleno tiene para ofrecerte a ti.

A Lizzy le encanta estar conmigo, incluso cuando duermo. Cree sentirse segura, sólo porque estoy cerca. Pero el amor de Dios es mucho más grande del que yo jamás podría ofrecerle a Lizzy. Dios desea estar con nosotros todo el tiempo. Él sabe estar con nosotros mientras trabajamos. Él nos protege y se sienta con nosotros mientras conducimos. Él quiere ser parte de tu vida en todas partes, todos los días.

Me encantan los versículos que dicen que Dios nos ha amado con un amor eterno, y que Él nos ha atraído con su misericordia. (Jeremías 31:3, NVI). Debido a la muerte de Jesús, lo único que nos puede separar del amor de Dios, es rechazar a Jesús. Dios sabe que cometemos errores. Dios es consciente de que incluso podemos hacer cosas malas a propósito de vez en cuando. Pero una vez hayamos confesado que Jesús es el Señor y creamos de corazón en Él, Dios ya no ve nuestros errores. En cambio, Él los ve cubiertos por la sangre que Jesús derramó en la cruz.

Si no has confesado que Jesús es el Señor, quiero señalar la frase: Él "nos ha atraído" con su misericordia. Me encanta el hecho de que la palabra "atraído" está en tiempo pasado. Dios me ha atraído a Él a lo largo de toda mi existencia. Durante mi abuso, Él me estaba atrayendo. Durante mi sanación, Él me ha atraído. No existe un punto en el cual Él no me haya atraído hacia Él mismo. Como Lizzy, el Dios de los cielos y de la tierra también quiere pasar tiempo conmigo. Él quiere estar cerca de mí. A Él le agrada cuando yo me siento segura porque Él está cerca.

Hay muchas cosas que no nos permiten sentir este llamado al amor de Dios. El ruido, el ajetreo, las presiones y muchas cosas más consumen nuestras vidas en maneras que no nos permiten escuchar a Dios. Si no estás sintiendo el amor de Dios, disminuye la velocidad. Ve a un lugar tranquilo. Habla con Él. Lee sobre Él. Ha habido ocasiones en las que incluso le he gritado. Él ya sabía lo que sentía mi corazón, así que hablamos sobre ello.

Cuando sientes el amor de Dios, realmente hay sólo dos respuestas. Primero, si nunca has sentido Su amor, tu primera respuesta debe ser...

responder. Recuerda, Dios nos dio el poder para elegir. Debemos elegirlo a Él. Él está en la puerta de nuestro corazón, llamándonos, pero debemos elegir invitarlo a nuestras vidas. La segunda respuesta es querer aún más. Permitirle a Dios que me ame ha sido realmente duro.

Mencioné en el último capítulo que, para mí, la habilidad creativa para adaptarme y sobrevivir a mi experiencia es evidencia de la protección de Dios. También mencioné que, una vez empecé a vivir por encima del concreto, todas mis técnicas de adaptación no eran necesariamente beneficiosas.

Soy muy buena para no sentir nada. Soy muy buena para no confiar en nadie. Soy muy buena para alejar a cualquiera que desee amarme. Creía que todas estas actitudes me protegían. El problema era que también mostraba estas actitudes frente a Dios. Cuando finalmente creí que Jesús es el Señor y confesé esta verdad con mi boca, experimenté un amor desbordante que jamás había experimentado antes. Quería sentir esa emoción —esa conexión con el amor— todos los días. Pero no sabía cómo hacerlo. Y pronto, me alejé del amor de Dios.

Para ser clara, Dios nunca dejó de amarme. Yo aún era cristiana. Él aún era el Rey de mi corazón. Pero tenía que aprender, y aún lo sigo haciendo, a permitir que me amara, a vivir en Su amor eterno. Tenía que aprender a reconocerlo cuando lo pudiera ver en mi vida. Tenía que aprender a confiar en Él cuando necesitara sentirlo en mi dolor.

El amor de Dios es y siempre será parte de tu vida. Algunos de ustedes elegirán vivir en él. Otros elegirán rechazarlo. Pero sin importar a dónde vayas, el amor de Dios siempre estará allí. La Biblia dice que nada puede separarnos del amor de Cristo.

Si actualmente estás rechazando este amor, entiende esto: Dios nunca renunciará a ti. Nunca podrás hacer algo tan horrible que la muerte de Jesús no sea suficiente para limpiarte y conectarte con Dios. Tampoco te sentirás pleno sin Dios. Fuimos hechos a Su imagen y, sólo cuando Él hace parte de nosotros, encontraremos lo que realmente nos completa.

Para aquellos que han experimentado y aceptado el amor incondicional de Dios, ustedes están seguros en Él. Lo que Jesús hizo en la cruz es suficiente. Habrá momentos en los que te sentirás más cercano o más alejado del amor de Dios. Pero no es porque Su amor esté cambiando. Es porque tú estás cambiando. Cuanto más tiempo pases con Él, más sentirás Su amor.

Por último, quiero decirte que el amor de Dios es completo. Dios no nos necesita, pero sí nos elige. No necesitamos probar nuestro amor a Dios. Con frecuencia, caemos en la trampa de querer ser "lo suficientemente buenos" para Dios. Esto no puede suceder. Él es perfecto. Yo jamás lo fui y nunca lo seré. En lugar de intentar demostrar que eres lo suficientemente bueno para que Él te ame, cambia tu enfoque y celebra lo que Él es. Él es pleno. Centrémonos en todas las cosas que la Biblia nos dice sobre Él y devolvámosle el amor que Él nos ha dado.

Habiendo vivido bajo el concreto, en la suciedad, admito que muchos de los conceptos en este capítulo pueden ser muy difíciles de procesar. Puede que no sepas cómo amar. Puede que no sepas cómo confiar. Puede que aún estés muy enojado. Está bien. Recuerda, tu vida es creada por tus decisiones. Simplemente empecemos con la primera.

Decide creer con tu corazón y confesar con tu boca que Jesús es el Señor. De ahí en adelante, trata de relajarte. Pasa tiempo con Dios y confía en que si Él puede mover planetas, crear estrellas y poner un sol para calentar perfectamente la tierra, Él también puede enseñarte a amar. Él puede ayudarte a crecer. Tengo mucha seguridad de que él puede guiarte a través del viaje para que crezcas en Él.

### Actividad con tu Diario
Pasa a las páginas 124-125 y reflexiona sobre los conceptos 10-13

# Capítulo Trece: Creando Vínculos

Los vínculos confiables sólo pueden ser creados cuando una persona está segura de sí misma y de su relación con Cristo. Entonces, ¿qué sucede cuando tu experiencia te ha despojado de la seguridad en ti mismo? En mi vida, la respuesta fue realmente obvia: mi habilidad para crear vínculos estaba arruinada.

Vamos a definir lo que es un vínculo. Por vínculo, me refiero a la habilidad de sentirse cómodo siendo uno mismo; a la habilidad de acercarse a otros con la vulnerabilidad y la honestidad que provienen de la confianza en uno mismo, incluso con nuestras imperfecciones. Cuando logras sentirte así, tus interacciones se liberan y adquieres la habilidad de ser tú mismo, de cultivar tus relaciones y de experimentar la vida.

Pero estoy casi cien por ciento segura de que mi concreto y mi suciedad destruyeron mi habilidad para crear estos lazos emocionales. ¿Cómo alguien que anhela que la suciedad consuma su deteriorado cuerpo puede sentirse cómoda con ella misma? ¿Es realista pensar que podía acercarme a otros desde un lugar de vulnerabilidad y honestidad, cuando la más mínima pizca de confianza que podía tener fue incrustada a un bloque de concreto hace años?

Sobreviviente: es probable que sientas que crear vínculos no sea algo natural para ti. Esa habilidad pudo haber sido reemplazada por la supervivencia hace mucho tiempo. Personalmente, entiendo sobre supervivencia. Sé cómo trabajar duro y luchar con todas mis fuerzas para vivir. Crear lazos naturales y saludables, por otra parte, es algo que siento completamente antinatural. Seguridad en mi misma, confianza y vulnerabilidad... ¡no! Todo esto no es natural para mí.

Recorro un círculo vicioso de cuatro etapas en mi vida: (1) no confío en nadie (2) confío un poco y pruebo a las personas (3) le entrego mi confianza total a alguien y (4) me doy cuenta de que mi confianza plena no es suficiente, debido a mis heridas. Eso es. Esa palabra: "heridas". ¿Qué se supone que debo hacer con mis heridas? Tengo el deseo de crear vínculos plenos y de experimentar relaciones saludables plenamente. Sin embargo, mis heridas me recuerdan constantemente que no sé cómo hacerlo.

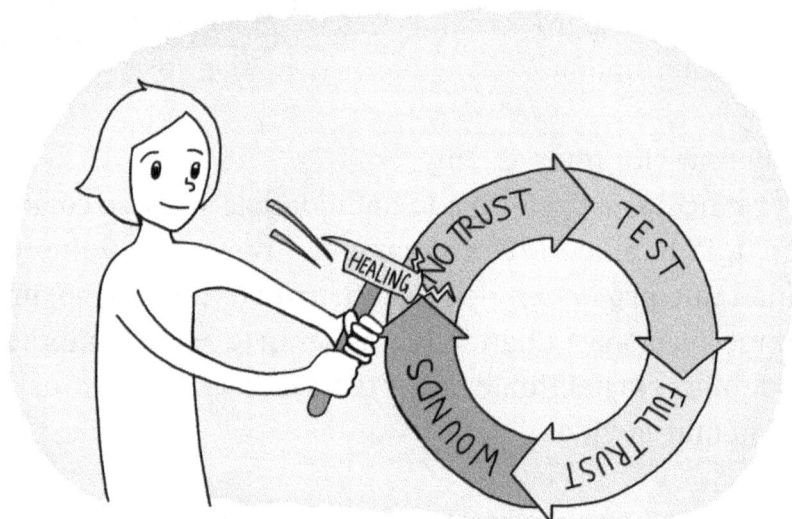

Supongo que es ahí donde empieza para mí. Creo firme y absolutamente que soy hecha a imagen de Cristo. Creo que hay una parte de mi corazón, de mi ser y de mi identidad que sólo estarán completas cuando permita que Jesucristo entre en ellas. Siento que en mi vida, esta necesidad se amplifica a causa de mis heridas. Esta necesidad también existe en ti, independientemente de tus experiencias de vida.

Sin embargo, mi concreto me decía que estaba separada, que era diferente, que era sucia. El abismo que me separaba de Jesús era enorme y esta desconexión afectó mi capacidad para crear un vínculo profundo con Él. Sinceramente, ni siquiera estaba segura de entender a Jesús. En mi alma, anhelaba crear un lazo con Él, permitir que Él sanara mis heridas. Pero me comportaba de manera opuesta. No confiaba en Él. Hasta lo ponía a prueba frecuentemente.

Si llegaba a "confiar plenamente" en Él, tenía que ser bajo mis condiciones. Reconocí que mis heridas penetraban mi alma con mayor profundidad que mi capacidad para confiar. Recorrí, di vueltas y repetí el mismo círculo vicioso una y otra vez durante años...y eso me enfado muchísimo. ¿Dónde estaba Jesús, el sanador? ¿Por qué no simplemente cerraba las heridas abiertas de mi corazón y las sanaba? Y entonces, lo hizo.

El cambio en mi vida ocurrió instantáneamente y ocurrió cuando me di cuenta de esto: Mi conexión con un Dios de amor vino como resultado de Jesús. Pero no sólo la muerte y resurrección de Jesús, sino la vida de Jesús. Para que la muerte de Jesús nos conecte con Dios, su vida tenía que ser perfecta. A medida que empecé a ver la vida de Jesús, me di cuenta de que Su amor podía sanar mis heridas. Pero éstas no fueron sanadas de la manera en que yo esperaba. Esperaba que mis heridas fueran borradas, sin embargo, no fue eso lo que ocurrió. En cambio, el agujero del tamaño de Dios que había en mi corazón se llenó, y debido a que el amor de Jesús es mucho más grande que ese agujero, ese amor se desbordó por todo mi cuerpo, sanando mis heridas y mis partes sin vida. Creo que el amor de Jesús me brindó la habilidad para vivir una vida plena y completa. Y estoy empezando a verme a mí misma a través de Sus ojos, como alguien creada a Su imagen.

Veamos una historia (de muchas que hay) en donde esto se ve reflejado en las Escrituras. Juan 4 nos habla de una mujer Samaritana que se acercó a un pozo porque tenía sed. ¿Me pregunto si ella también cargaba concreto y suciedad? La historia nos cuenta dos cosas sobre ella. Primero, ella era una Samaritana. Los judíos, en esa época, no se relacionaban con los Samaritanos. ¿Se habría sentido ella separada? ¿Diferente? Segundo, ella tenía cinco maridos y la persona con quien actualmente estaba, no era su marido. ¿Podría ella haber tenido problemas para crear vínculos? ¿Podría ser que ella estaba buscando a alguien que llenara sus heridas?

No sé las respuestas, pero sé que Jesús la conoció y estaba dispuesto a colmarla con su amor. Al principio de Juan 4, Jesús empezó una conversación con ella sobre llenarla con agua de un pozo que se convertirá en un manantial del que brotará vida eterna. Él no sólo quería satisfacer sus necesidades en ese momento, sino también en el futuro, y a través de la vida eterna. Él buscó llenarla hasta completarla plenamente.

Me pregunto si en el fondo de su mente esa mujer no entendía lo que Jesús quería hacer. Tal vez creía que el ofrecimiento no era para ella... porque tenía demasiado concreto y suciedad. La razón por la cual me pregunto esto es porque Jesús le aseguró amorosamente que la conocía. Él le aseguró que sabía acerca de sus maridos. Él reconoció sus heridas. Pero en lugar de aceptar Su amor, ella respondió recordándole que era una Samaritana. Señaló la separación física entre sus respectivos grupos. Él era judío, ella no lo era. Sin embargo, Jesús cariñosamente le señaló a Dios y le dijo que se acerca la hora en que los verdaderos adoradores rendirán culto al Padre "en espíritu y en verdad" (Juan 4:23 NVI). Jesús le recordó plena y completamente a esta mujer que Su amor está basado en Dios, no en sus acciones o en sus orígenes.

En este punto, ella declaró que estaba realmente esperando a que Cristo viniera. Jesús le aseguró, una vez más, que su espera ya había terminado. Él luego le dijo que Él es el Cristo. Ella respondió dramáticamente, dejando sus pertenencias para ir a contarle a la gente en la ciudad sobre Aquel que la conocía.

La mujer Samaritana respondió al vínculo de amor que había experimentado con Jesús. Debo creer que sus heridas fueron sanadas ese día. Debo creer que una confianza enterrada en lo más profundo de su alma fue descubierta. Verás, el amor de Jesús era mucho más grande de lo que ella misma podía experimentar. No solamente llenó el lugar en su corazón que anhelaba al Mesías, sino que creo que Su amor debe haberse desbordado a cada una de las otras partes de su ser. Ella debe haber sido cambiada. Ella debe haberse visto a sí misma a través de los ojos de Jesús.

La razón por la que creo que esto debió ser lo que ocurrió es doble. Primero, la Biblia revela que muchos en la ciudad creyeron en Jesús por el testimonio de la mujer de que Él la conocía, diciéndole "todo lo que he hecho" (Juan 4:29 NVI). El amor que Jesús mostró a esta mujer debe haberla cambiado de una manera tan categórica y definitiva, que los otros también creyeron en Él. Me pregunto si todo cambió para ella. Me pregunto si ella pasó de ser conocida como "la dama con cinco maridos" a tener la reputación de ser la mujer a la que Jesús amó tan abrumadoramente, que su vida y sus acciones fueron completamente transformadas.

La segunda razón por la cual ella debe haber sido completamente sanada aparece en Juan 4:42. Este versículo dice que la gente no creía en Jesús simplemente por lo que la mujer Samaritana había dicho, sino porque "ahora lo hemos oído nosotros mismos y sabemos que verdaderamente este es el Salvador del mundo" (NVI).

Ese versículo me hace pensar que ella tuvo la oportunidad de señalar a la gente hacia Jesús sin hacer énfasis en sí misma. Ella no parecía estar escondiendo este amor desbordante detrás de su concreto, ni estar de pie frente a otros, cubierta en suciedad. Ella permanecía de pie con total confianza y demostrando amor, mientras le señalaba a la gente la fuente que le había enseñado a amar. Creo que ella pudo experimentar la sanación, el vínculo, el amor y la capacidad de compartir todas estas cosas con los demás.

Sobreviviente: he vivido días donde el mañana parecía incierto. Días en los que simplemente no sabía cómo más podía luchar para sobrevivir. He enfrentado mis heridas. He buscado en todas partes y en todas las personas, excepto en Jesús, para llenar esta necesidad.

Sólo puedo decirte esto. Jesús te conoce. Él conoce la historia que enfrentas. Él está preparado para ofrecerte un amor desbordante. Tu elección debe ser reconocerlo. Cuando lo hagas, Él puede sanarte, cambiarte y completarte. Creo que es tiempo. Tiempo para que las heridas sean sanadas. Tiempo para que los vínculos se conviertan en algo natural y basado en un amor que no es tuyo. Es tiempo para que tu vida se vea y se sienta diferente.

### Actividad con tu Diario

Pasa a la página 126 y reflexiona sobre los conceptos 14 y 15

# Actividad del Logro 4 con tu Diario Personal
## Entendiendo tu Propósito

Es en el amor de Cristo que somos plenos. A medida que experimentamos Su misericordia y Su profundo deseo de compartir todo su Ser con nosotros, aprendemos quiénes somos. Nosotros somos Sus hijos; estamos protegidos y seguros. Como hijos Suyos, crecemos para llegar a ser como Él en la seguridad que nos ofrece esta relación.

Esta actividad del cuarto logro te desafiará a que abras tu corazón de nuevas maneras para experimentar la aceptación, el amor y la plenitud que Jesús ofrece.

## Concepto # 1: Mi punto de partida

¿Qué crees acerca de Dios? ¿Quién es Él en tu vida?

_____

_____

_____

_____

_____

_____

_____

_____

_____

_____

_____

_____

_____

## Concepto # 2: Mis emociones

¿Cómo te sientes hacia Dios? ¿Ha creado tu experiencia de abuso emociones no resueltas hacia Dios?

_____

_____

_____

_____

_____

_____

_____

_____

## Concepto # 3: Mi disposición

¿Crees que el amor del Padre puede sanarte? ¿Estás dispuesto a ser honesto con Él acerca de tus sentimientos hacia Él?

_____

_____

_____

_____

_____

_____

_____

_____

_____

## Concepto # 4: La elección presentada por el libre albedrío

¿Qué emociones sientes al procesar el concepto de que un Padre amoroso te otorgó el poder para elegir –el libre albedrío– entre las buenas y las malas decisiones?

_____

_____

_____

_____

_____

_____

_____

_____

_____

## Concepto # 5: Mi abusador hizo una elección

¿Le estás pidiendo a Dios que asuma la responsabilidad de la decisión de tu abusador? ¿Y no a tu abusador?

_____

_____

_____

_____

_____

_____

_____

_____

_____

# Concepto # 6: Dios siempre está presente

¿Cómo te sientes al imaginar a Dios o a Jesús presentes mientras sufrías de abuso?

_____

_____

_____

_____

_____

_____

_____

_____

_____

# Concepto # 7: Dios quiere ser parte de mi vida

¿Qué sientes al saber que Dios quiere ser parte de tu vida? ¿Crees que Él quiere hacer cosas buenas en tu vida?

_____

_____

_____

_____

_____

_____

_____

_____

_____

_____

_____

## Concepto # 8: El poder de Dios

¿De qué manera demuestra tu supervivencia que el poder de Dios es mayor que el poder del mal?

_____

_____

_____

_____

_____

_____

_____

_____

_____

_____

## Concepto # 9: Amor y aceptación incondicional

¿En qué maneras ves el amor de Dios? ¿Ha habido momentos en los que has rechazado Su amor?

_____

_____

_____

_____

_____

_____

_____

_____

_____

_____

_____

_____

## Concepto # 10: Experimentando el amor

En la historia de este capítulo, Lizzy quiso probar mi respuesta a su deseo de estar cerca de mí. Ella se "escabulló" en mi cama, luego empezó a rezar para que pudiera venir a mi cama y finalmente, verbalizó su emoción por estar cerca de mí. Lizzy siempre era bienvenida a mi cama y no necesitaba probarme para ver si recibiría mi amor. ¿Estás poniendo a prueba el amor de Dios en vez de aceptar que es un regalo siempre disponible?

_____

_____

_____

_____

_____

_____

## Concepto # 11: Dios me ha atraído con Su misericordia

¿Qué aspectos de tu vida te hacen sentir que Dios no te está atrayendo con Su misericordia? ¿Has rechazado o huido de este amor?

_____

_____

_____

_____

_____

_____

_____

_____

## Concepto # 12: El amor de Cristo es pleno

Eres elegido, amado y aceptado. Estas cosas se encuentran en quien Él es, no en lo que tú haces. ¿Quién es Jesús? ¿Qué puedes celebrar sobre Él? ¿Quién es Él para ti?

_____

_____

_____

_____

_____

_____

_____

_____

## Concepto # 13: Mi historia es creada por mis elecciones

¿Qué elección se te pide hacer para responder al amor de Cristo? Si aún no la has hecho, ¿será hora de que confieses que Jesús es el Señor?

_____

_____

_____

_____

_____

_____

_____

_____

_____

## Concepto # 14: ¡Los encuentros con Jesús me cambiarán dramáticamente!

¿Ha traído tu relación con Jesús un cambio de vida dramático, como el que experimentó la mujer en el pozo? Escribe sobre tu experiencia con Jesús.

_____

_____

_____

_____

_____

_____

_____

_____

## Concepto # 15: La vida se encuentra en Jesús, no en mí

La mujer Samaritana le recordó a Jesús sobre sus defectos. ¿Hay áreas en las que rechazas a Jesús porque te sientes inadecuado? Él quiere ofrecerte vida. ¿Cómo debes responder?

_____

_____

_____

_____

_____

_____

_____

_____

# Logro 5:

# ACEPTANDO TU HISTORIA

# Capítulo Catorce: Reconociendo las Raíces

El abuso no es mi historia. Mi historia es creada por mis decisiones. Yo no tomé la decisión de sufrir de abuso. ¡Qué claridad! ¡Qué libertad! Qué simple... Bueno, pensé que sería simple.

Me senté con lápiz y papel y creé dos columnas: "Mi historia" y "No es mi historia". Pero cuando fui honesta conmigo misma, tuve que crear una tercera columna: "No lo sé".

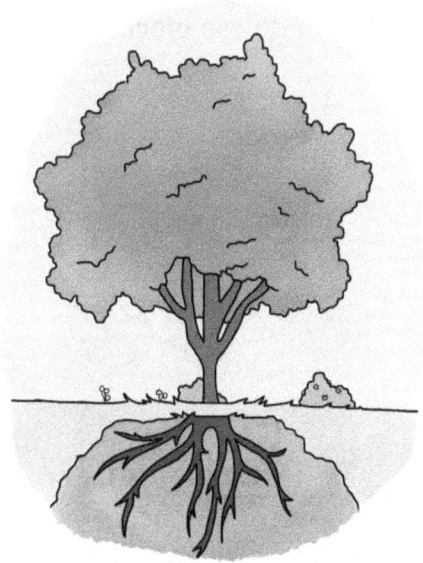

Verás, era fácil y tremendamente poderoso rechazar la responsabilidad del abuso. Era fácil rechazar la responsabilidad de las mentiras que me habían enseñado o amenazado para que dijera. Con el tiempo, rechacé la creencia básica de que era sucia y que nadie me quería. Pero otras cosas no eran tan claras. ¿Fue mi fracaso matrimonial una elección mía? ¿O fue una consecuencia proveniente de mi incapacidad para experimentar amor, confianza, vínculos y otros aspectos fundamentales que son necesarios en un matrimonio exitoso?

De la misma manera, rápidamente afirmé que la determinación puesta para alcanzar el éxito en mi carrera y en los deportes fue una elección mía. Pero esa determinación la había aprendido en mi lucha por sobrevivir. Entonces, ¿cuál de las dos era?

Mientras seguía adelante en la batalla por entender mi historia, el concepto de *raíces* empezó a surgir. Verás, es realmente muy simple. Algunas cosas muy malas han ocurrido en mi vida. Tengo la libertad de rechazar estas cosas. Del mismo modo, he tomado algunas muy buenas decisiones en mi vida. Tengo la libertad de atribuirme estas buenas decisiones y convertirlas en mi historia. No es que esté negando mi responsabilidad por mis malas decisiones, porque no lo estoy haciendo. También he tomado algunas malas decisiones, y muchas de ellas en momentos en los que tenía todo el poder para tomar la decisión correcta. Simplemente no lo hice y también soy dueña de esa elección.

Sin embargo, hay una categoría en el medio. Es divertida. Es redentora. Celebra el hecho de que los planes de Dios siempre son perfectos. Reconoce que el mal existió, pero me permite aceptar el bien que puede venir de él, ya que Dios dispone todas las cosas para el bien de quienes lo aman. (Romanos 8:28, NVI).

Permíteme darte un ejemplo. Anteriormente, mencioné la dificultad para determinar si el éxito en mi carrera había sido el resultado del trabajo duro y la determinación provenientes de las habilidades de supervivencia aprendidas durante mi experiencia de abuso, o producto de la decisión de comprometerme con mi trabajo. La respuesta es que proviene de ambas cosas. Es una raíz —una raíz firmemente plantada y que le da estabilidad a un árbol—.

Empecé mi carrera corporativa cuando mi vida era inestable. Mi matrimonio acababa de derrumbarse. El poco dinero que tenía lo guardaba en sobres y en tarjetas de regalo. Ser exitosa no era una opción; era una necesidad. Apliqué a cerca de 100 trabajos, ¡y no estoy exagerando! ¡Te dije que sé cómo luchar para sobrevivir! Al final, terminé con 2 ofertas sobre la mesa y escogí una de ellas. La compañía me terminó eligiendo por mi experiencia en ventas, y porque en mi último trabajo había completado un largo programa de entrenamiento en poco tiempo. En la nueva empresa, entraría directamente a un cargo intermedio de ventas, en lugar del nivel básico para principiantes.

En mi primer día, me informaron que la posición que venía a ocupar estaba vacante por el mal desempeño del empleado anterior. La posición había estado abierta por un periodo de tiempo prolongado, así que necesitaba utilizar toda mi habilidad para aprender rápidamente, como lo había hecho en el programa de entrenamiento de mi último trabajo. Empezaría a interactuar con los clientes 24 horas más tarde.

Esta era una nueva industria y no tenía idea de lo que vendían. Tampoco sabía cómo hablar sobre sus productos. Y definitivamente no sabía cómo realizar pedidos utilizando un extraño software basado en DOS.

Tropezarme con pensamientos negativos no fue difícil: era estúpida. Nunca había sido inteligente. Se desharían de mí tan rápido como lo hicieron con el empleado anterior. Igual, todo el mundo se deshacía de mí, ¿por qué importaba? Yo no importaba. Nadie se preocupaba por mí de todos modos. Yo sólo había tenido un propósito en la vida, y claramente no era este.

Sin embargo, sobrevivir también era algo natural para mí. Sabía exactamente cuántos dólares tenía en mi sobre para gasolina. En realidad no tenía suficiente dinero para comer, pero estaba sobreviviendo. Tenía que hacerlo, así que tomé el trabajo. Mis sentimientos no importaban. Lo que importaba era sobrevivir.

Al día siguiente sonreí y hablé por teléfono con mi primer cliente. No había necesidad de vender. Ella simplemente quería ordenar una UPS. ¡Vaya! Yo le escuché decir, "ordenar en UPS." Tengo conocimiento sobre proveedores de servicios de envíos, así que con toda la voluntad empecé a explicarle sobre los muchos proveedores de manejo y envío de productos que teníamos... ¿Pero, por qué se reía? ¿Por qué se reían los chicos sentados a mi lado? Maravilloso. Al parecer, una UPS, en el mundo de la tecnología, es una fuente de alimentación ininterrumpida que se utiliza para mantener un servidor funcionando durante un corte de energía.

Me gustaría decirte que mi nuevo trabajo se hizo más fácil. No fue así. Odié cada uno de los primeros 90 días. Trabajaba 15 o más horas al día y tomaba notas para estudiarlas en el poco tiempo que tenía en casa. Quería rendirme, pero tenía que sobrevivir.

Al final de los primeros 90 días, de alguna manera terminé en el primer lugar de ventas en toda la nación. Los chicos con los que trabajaba fueron desafiados por mi ética de trabajo. Hice exactamente lo que los líderes de la empresa me pidieron, deseando que ellos tuvieran razón, y que yo tuviera éxito. Los chicos fueron testigos de mi éxito, no de mi abrumadora falta de confianza o del odio absoluto hacia mí misma, ese que me mantenía en modo de supervivencia.

Mi jefa era un poco más perspicaz. Ella me desafiaba con nuevas ideas, mostrándome que tal vez podía triunfar sin tener que trabajar 15 o más horas al día, siete días a la semana. Trató de hacerme ver el éxito que yo estaba experimentando, ya que era muy difícil para mí aceptarlo en aquellos días. Mi confianza y el concepto que tenía de mí misma eran demasiado bajos como para creer que podía ser responsable de algo bueno que me sucediera. Aún odiaba mi trabajo. Lo sentía como mi nuevo amo. No era una persona, pero lo sentía casi como una persona controlándome.

Nueve meses después de haber empezado mi nuevo trabajo, me ascendieron. ¡Fue tan rápido! Nunca se había visto algo así en la empresa. Seis meses después, me ascendieron de nuevo. Después de otros seis meses, ingresé en un programa de coaching de ventas. Todo este tiempo, había estado trabajando realmente duro y había experimentado resultados asombrosos. Había aprendido a ser un poco más feliz, pero todavía me sentía como una esclava de mi trabajo.

Cuando me convertí en coach de ventas, finalmente empecé a darme cuenta de que tal vez podía atribuirme algo de mi éxito. No todo el mundo estaba dispuesto a hacer los sacrificios que yo había hecho por alcanzar el éxito. Muchos de mis compañeros eran más inteligentes. Muchos de mis compañeros eran mejores vendedores. Pero fue la determinación lo que me había convertido en lo que era.

A medida que mi carrera ha progresado, he aprendido a utilizar esta determinación de manera positiva. He aprendido que está bien sentirme orgullosa cuando realizo un buen trabajo. He aprendido a aceptar elogios de los demás. He aprendido que hay cosas en mí que vale la pena compartir. He aprendido que es divertido construir comunidad mientras compartes con otros. He aprendido que puedo ser exitosa y feliz a la vez. Y he aprendido que estoy a cargo de mi vida.

Hubo un tiempo en que mis decisiones eran inspiradas por el miedo. Aún estaba en la suciedad, con el concreto asfixiando mi ser. No hay duda de que aprendí a esforzarme por lograr la perfección y a temer la destrucción total mientras viví bajo el concreto. No hay duda de que la baja autoestima y el miedo al fracaso me obligaron a negarme a renunciar. PERO, había una categoría en la mitad. No, no elegí aprender los patrones negativos que definieron los inicios de mi carrera, pero era mi elección darme cuenta de que las cosas que estaba haciendo no eran saludables. Empecé a tomar decisiones más intencionales para cambiar mi perspectiva. Seguí trabajando duro para triunfar, pero no porque tenía que hacerlo; en cambio, trabajé duro porque elegí hacerlo.

Elegí los sacrificios que estaba dispuesta a hacer para alcanzar el éxito. Elegí apreciar los beneficios de mi arduo trabajo. Elegí realizar mi trabajo en un número de horas más manejable. Elegí promover la comunidad compartiendo el éxito con otros.

En este libro, me he referido a la suciedad como negativa. Me he centrado en el deterioro y la descomposición, que son atributos reales de la suciedad. Pero la suciedad también tiene otros atributos. En la suciedad se pueden desarrollar la clase de raíces que dan vida. Estas raíces proporcionan estabilidad. Estas raíces permiten el crecimiento.

Y ese es el punto... Crecer. Comenzamos realmente a crecer cuando empezamos a ver que aunque las cosas pueden haber sido terribles e injustas, somos buenos. Tenemos el poder a través de Cristo para reconocer que lo que otros hicieron para mal, Dios lo puede usar para bien.

Siempre he querido ayudar a mis hijos a mantener sus decisiones como algo separado, pero conectado a su ser. Les enseño a asumir la responsabilidad de sus decisiones, pero también a recordar que las malas no tienen el poder de definir toda su persona. Todos elegiremos mal alguna vez, y nos arrepentiremos por ello. Puede terminar ahí. No necesitamos hacer de nuestros errores algo más grande de lo que realmente son. Cada uno de nosotros realiza millones y millones de elecciones, por lo que no hay sólo una de ellas que tenga el poder de definirnos. Muchas, muchísimas decisiones se unen para convertirse en piezas de nuestros muy complejos seres. Todas estas piezas se unen para crear una visión más completa de nosotros mismos.

Recientemente adoptamos una linda pelotita de pelo a la que llamamos Lou Lou. Ella es divertida y se ajusta perfectamente a nuestra familia. Lou Lou sabe dónde tiene que ir al baño. Cuando lo pide, la llevamos fuera de la casa. Pero hace unos días, Lou Lou no salió. ¡Se orinó dentro de mi casa! Estaba tan enojada. Es una de esas cosas que simplemente odio. Inmediatamente la regañé, "mala Lou Lou, eres una perra muy mala." Mientras la empujaba hacia afuera, mi hijo David me dijo: "mamá, ¿estás molesta?" Yo le respondí, "sí, Lou Lou es una perra mala." David me miró y dijo, "eso no es verdad. Lou Lou es una buena perra. Simplemente hizo una mala elección." Me disculpé con él y con Lou Lou mientras sonreía interiormente, orgullosa de que mi hijo estaba empezando a entender que valemos mucho más que una mala elección, o que muchas incluso.

Quiero que sepas que algunas de las cosas que haces, las haces porque las aprendiste en la suciedad. Cuando sea posible, rechaza los patrones de pensamiento negativos. No te hagas cargo de las decisiones de otra persona. Pero trata de hacer la pausa necesaria para darte cuenta de que otras cosas, como mi obsesión por trabajar duro, pueden crecer y convertirse en raíces. Un rasgo negativo puede convertirse en un rasgo positivo a medida que aprendes a respetarte a ti mismo.

A medida que vas creciendo y reorientando tus patrones de vida, cometerás algunos errores. Tus abusadores querían que su elección definiera todo tu ser. Probablemente así ocurrió. Pero hoy, una elección ya no tiene ese poder. A veces fallarás. Cometerás errores. Eres una persona especial y única, y tu historia está construida por tus decisiones —muchas y muchas decisiones—. ¡Así que relájate! Date la libertad para crecer. No necesitas ser perfecto. No lo eres. Pero estás creciendo.

He utilizado la analogía de las raíces un par de veces en este capítulo, porque las raíces son la bendición escondida en los tiempos difíciles. Creo que la seguridad que brindan las raíces puede ser muy profunda. Creo que mi experiencia pasada con el abuso sí moldeó la persona en quien me convertí. Pero rechazar la responsabilidad por ese abuso también moldeó la persona en quién me convertí. Me dio la libertad para permitirle a mis decisiones crear mi historia.

Finalmente, creo que Dios vio mi lucha a través de la suciedad. Creo que muchísimo antes de que yo siquiera soñara que Él estaba trabajando, Él ya había planeado ayudarme a usar el caos, el dolor, el daño y el sufrimiento de mi vida para experimentar una vida plena; una vida llena de esperanza, una vida desbordada por el amor y una vida donde pudiera compartir el amor abundante, porque mis raíces me dan estabilidad. Estoy orgullosa de mi vida. Nunca estoy sola. Tomo buenas decisiones porque eso es quien soy. También tomo malas decisiones. He aprendido a perdonarme a mí misma y a no esperar que todo sea perfecto. He aprendido que el plan para mi vida es bueno.

¡Tu plan es grandioso también! Toma tu lápiz y papel. ¿En dónde estás hoy? Apuesto a que hay decisiones que puedes eliminar fácilmente de tu lista de responsabilidad personal. Estas decisiones no fueron tuyas. Estas decisiones van en la columna "No es mi historia". Cuando traten de controlar tu pensamiento, sé activo en rechazarlas. Ellas no son tú. Apuesto también a que hay decisiones que sabes con seguridad que tomaste. Estas decisiones van en la columna "Mi historia". ¡Celébralas!

Has creado una historia. Esa historia eres tú, y es hermosa. Por último, apuesto a que hay decisiones que simplemente no sabes dónde van...

¿fueron siquiera elección tuya? ¿O fueron elecciones hechas por alguien más? Estas decisiones van en la columna "No lo sé" del medio. Me encanta la columna del medio. Es posible que aún no sepas la respuesta, pero tu mente ya ha comenzado el proceso de cuestionar la responsabilidad de esas decisiones. Fue así como quedaron atrapadas en el medio, por lo tanto acepta su lugar en esa columna.

Pregúntate si puedes reorientar el comportamiento. ¿Podría ser como mi trabajo? Una gran elección —como la de ser una persona trabajadora—, ¿pero que proviene de la motivación equivocada? Darte a ti mismo la libertad para relajarte, fallar o tomar un nuevo riesgo, ¿podría ayudarte a transformar tu decisión en algo positivo? Si encuentras una mala elección en la columna del medio, ¿podría ser ella un indicio de que tal vez te estás sobrecargando de responsabilidad? ¿Hay comportamientos que te conducen a la mala elección y que podrías comenzar a rechazar activamente? ¿Hay patrones de pensamiento que podrías cambiar? ¿Podrían pequeños cambios, pequeñas elecciones para tomar el control, evitar que sigas tomando la misma mala decisión en el futuro?

Verás, la redención de tu pasado es posible. Todos esos años no tienen por qué haber sido completamente en vano. Alguna vez creí que mis abusadores tenían ese poder. Creí que me habían robado muchos años. Pero no es cierto. Tengo raíces. Soy fuerte. Soy como el árbol plantado. Estoy segura. Y todas esas cosas, además de mis decisiones para crear una vida de abundancia, son parte de mí. Soy única, especial y arraigada en el amor de Cristo; y esto es más que suficiente para enfrentar cualquier cosa que la vida ponga en mi camino. Estoy orgullosa de mi historia. Estoy feliz de haber vivido mi vida. No siempre ha sido divertida, pero me ha ayudado a encontrarme.

### Actividad con tu Diario
Pasa a las páginas 151-153 y reflexiona sobre los conceptos 1-4

# Capítulo Quince: Cambiando Perspectivas

He escogido intencionalmente escribir este libro durante un largo período de tiempo. Temprano en la vida, pensaba que mi historia estaba en espera. Creía que no había tomado decisiones. Sentía que mi vida giraba alrededor de lo que mis abusadores habían elegido para mí. No veía mi historia, porque no creía en mí lo suficiente como para aceptar que tenía el poder y la fuerza para tomar mis propias decisiones.

Para el momento en que empecé a escribir este libro, ya había asistido a consejería durante casi cinco años. La decisión intencional de invertir en mi sanación y la elección calculada de crecer diariamente me habían ayudado a encontrar piezas de mí misma. Al empezar a escribir, no sabía exactamente cómo podría restaurarse mi pasado, pero hoy siento que esa posibilidad es mucho más real. Por lo tanto, me gustaría contarte mi historia tal y como la veo hoy. Mi punto de vista puede seguir expandiéndose a medida que vaya aprendiendo más sobre mí misma; pero hoy, es aquí donde creo estar.

El abuso no es mi historia. Mi historia es creada por mis decisiones. Yo no tomé la decisión de sufrir de abuso.

Desafortunadamente, algunas personas sí tomaron la decisión de abusar de mí. La oscuridad y la destrucción de esa decisión es su responsabilidad, y tienen que sobrevivir al horror de su elección. Durante un período de tiempo, su elección ensombreció mi historia. Es verdad. Viví en la suciedad; soporté el peso de un agobiante bloque de concreto que me separaba de la vida que deseaba vivir. Sufrí la desesperanza y el deterioro en la suciedad. Pero en mi vida había una historia muchísimo más grande por contar. Mi tiempo en la suciedad me brindó la oportunidad de ver las raíces crecer. Me permitió ver las semillas florecer. El alimento que necesitan las plantas, los árboles y la hierba que existen por encima de la suciedad, se encuentra en sus raíces saludables.

No todos los aspectos de la suciedad son malos. Siempre vemos a la suciedad como repugnante, contaminada. Pero esa no es la única historia que cuenta. Creo que la suciedad cuenta la historia de las raíces. Creo que cuenta la historia de los nuevos comienzos. Creo que cuenta las historias de la vida que resurge.

Hoy me veo a mi misma como un árbol. Las raíces de algunos árboles se extienden por más de veinte pies. ¡Eso es casi cuatro veces mi altura! Otras raíces pueden ser anchas y largas. No importa qué clase sea, la raíz es vital para la supervivencia del árbol.

Me gusta imaginar que mi tiempo en la suciedad hizo que ésta se moviera. O de una manera muy diferente, tal vez yo me estaba moviendo en ella como el cultivador mueve la tierra, propiciando las condiciones adecuadas para que las semillas arraiguen.

Un manzano puede producir hasta 920 libras de fruta. ¡Eso es exponencialmente más de lo que imaginaba! Pero el árbol es fuerte; ha echado raíces. No todas las semillas de manzana tienen la oportunidad de producir fruta poderosa. Pero hay tres características comunes entre los árboles que sí la producen. Primero, el árbol se originó en la suciedad, como una semilla. En segundo lugar, luchó por la fortaleza suficiente para hacerse su propio camino, fuera de la suciedad y hacia el sol. Recuerda que incluso cuando el árbol surgió por encima de la suciedad, las raíces que se habían formado en ella seguían existiendo. Son ellas las que le dan al árbol su fuerza. Tercero y último, los manzanos que producen fruta, crecen alrededor de otros manzanos. Se fertilizan a través de la interacción con los otros árboles.

Mi historia es la misma. No entendía que las decisiones que estaba tomando mientras vivía en la suciedad me permitirían crecer y producir fruta, pero eso es lo que ha sucedido.

Nací en la suciedad. En la suciedad aprendí a luchar incluso cuando no sabía lo que significaba luchar. Estaba luchando por la vida que hoy vivo. En la suciedad, aprendí que las condiciones podían ser difíciles, pero que no tenían por qué definirme. En cambio, aprendí a encontrar alimento para mis raíces en la suciedad. También aprendí que el coraje, la independencia, la fe, el amor, las relaciones y muchas cosas más, son la savia que fluye a través de mi "árbol". Verás, hay fortaleza en mis raíces. Hay una historia escrita sobre el tronco de mi árbol. Hay belleza que se revela a través de mis hojas. Hay poder para ser compartido como *fruto* y alimentar a otros.

Luché por la fuerza suficiente para abrirme camino fuera de la suciedad. Pero no luché sola. Mis amigos motivadores, mis inversionistas emocionales y mis consejeros lucharon conmigo. Lo más importante, es que mi Padre celestial también luchó conmigo. A veces, cuando ya no podía luchar más, ellos hasta lucharon por mí. La primera parte de mí que surgió por encima de la suciedad fue la parte que se negó a darse por vencida. Poco después, surgió una parte de curiosidad. Necesitaba saber cómo vivir por encima de la suciedad. Y finalmente, surgió una parte de salud. Esta parte me miró, por encima de la suciedad y en mis raíces, y conectó mi experiencia a mi vida. Me ayudó a comprender lo que era y lo que no era parte de mi historia y me ayudó a celebrar lo que realmente soy.

Estoy creciendo alrededor de otros manzanos. Puede que no todos hayamos sido plantados en las mismas condiciones. Algunos fueron sembrados suavemente por la mano gentil de un cultivador y nutridos con intencionalidad y amor. Otros crecieron en condiciones similares a las mías. Pero todos crecimos. Todos echamos raíces. Todos tenemos troncos con historias escritas sobre ellos. Todos encontramos la belleza en las hojas. Todos disfrutamos de compartir nuestro fruto. Pero principalmente, todos sabemos que las condiciones que nos mantienen vivos provienen de nuestro Padre celestial.

Espero que nunca te rindas. Espero que puedas celebrar las decisiones que sí tomaste. Espero que puedas liberarte de la responsabilidad de las decisiones que otros tomaron por ti o contra ti. Espero que crezcas. Espero que estés plantado junto a otros árboles. Espero que produzcas fruto. Espero que puedas experimentar el amor del Padre, quien guía y alienta tu crecimiento.

Crecer no es fácil. Estoy incluso segura de que el peso de las manzanas en tus ramas puede ser un poco difícil de soportar. Pero no tienes que estar solo. A medida que elijes crecer, encontrarás a otros creciendo a tu alrededor que te animarán. Por tu parte, tú proporcionarás aliento a otros como un motivador. Otorgarás semillas a otros como un inversionista. Tu vida tendrá impacto. Tu historia será creada por las decisiones que has tomado, y que continuarás tomando.

Así que, ¡vamos a crecer! Vamos a producir fruto. Vamos a recordarle al mundo lo bellas que son nuestras hojas.

### Actividad con tu Diario
Pasa a la página 153 y reflexiona sobre el concepto 5

# Capítulo Dieciséis: Descansa y Relájate

Al final de muchas sesiones de consejería, escucho mientras mi consejera dice: "Asegúrate de descansar. Has trabajado duro. Puede que estés cansada." Tiene razón, ¿no es cierto, sobreviviente? El trabajo de sanación es difícil. Vivir la vida es difícil. Ser intencional con tus elecciones es difícil.

Encontrar tiempo para descansar es también una elección. Pero aprender a relajarse durante ese tiempo es un estilo de vida. Hablemos sobre ambos.

Descansar tu cuerpo te proporciona alivio. Muchos estudios científicos han demostrado el poder del descanso y su impacto en tu salud general. Actualmente estoy trabajando para una compañía internacional. Muchos de mis empleados residen en otros países, así que es muy común que mis "buenos días" sean respondidos con un "buenas noches", o viceversa.

Tratar de mantener el balance en nuestro horario nos ha exigido tener reuniones a muy altas horas de la noche o en las primeras horas de la mañana. Este horario le ha pasado factura a mi cuerpo. A menudo me encuentro demasiado cansada, tratando de recuperar horas de sueño el fin de semana, o simplemente desorientada y sin saber si dormir o seguir despierta. He tenido que establecer límites en mi horario para asegurarme de que mi cuerpo disfrute del descanso que necesita para funcionar correctamente.

Relajarse, por el contrario, es un estilo de vida. Espero que tu viaje a través de este libro te haya recordado que eres un ser hermoso y que fuiste creado con un propósito. Espero que sientas el poder de ser *tú*, un ser único. Creo que relajarse implica tener calma interior y aceptación. La aceptación de ti mismo y el reconocimiento de la belleza que te rodea.

Un inversionista me dijo una vez que él no creía que yo me conocía realmente. Él me recordó que fui hecha de manera única e individual, y a la imagen de Cristo. Me dijo que mis acciones lo llevaban a creer que yo no comprendía esta realidad, porque si la comprendiese, no sería capaz de ser ordinaria. ¡Soy una creación extraordinaria! ¡No hay otra como yo en toda la creación!

Tú también eres extraordinario. Fuiste creado con un propósito. Fuiste creado para vivir una vida plena y abundante.

Pero esto es muy difícil de creer cuando el concreto es pesado. La suciedad se asienta entre las grietas y se puede olvidar. Vivir la vida plena y abundante que te es dada puede parecer imposible. Creer en ti mismo a menudo se puede sentir como un evento siempre futuro.

Hubo dos cosas que en mi vida realmente me ayudaron a medida que empecé a aceptarme a mí misma y a ser consciente de mi propósito. Primero, me di permiso para ser suficiente. Segundo, me desafié a definir y celebrar el propósito de mi vida.

Es tan fácil quedar atrapado en modo de "arreglo". Estoy trabajando en mi proceso de sanación. Estoy mejorando la vida de mis hijos. Estoy tratando de pagar las facturas. Estoy compitiendo con una larga lista de mandados por un poco de tiempo de calidad. Mi vida puede ser muy ajetreada. Puedo sentir rápidamente que nunca llegaré. En todo caso, ¿a dónde se supone que debo llegar? ¿Al sueño americano? Bien, entonces necesito 2.5 niños, un marido, una casa, un gran salario y el último dispositivo digital. ¿O a esa bendición Cristiana manipulada? Ya sabes, esa que dice que soy bendecida porque Dios me ha recompensado financieramente. O espera,

¿no era la sanación lo que inicialmente estaba buscando? Tengo que aprender a establecer límites, hacer mis tareas de consejería y rechazar falsas creencias acerca de mí misma.

¡DETENTE! Tu historia es creada por tus decisiones. Tus sueños son tuyos. Esta revelación desbordó mi corazón un día en mi grupo de oración. Tengo el privilegio de pasar tiempo de calidad junto a un grupo fenomenal de damas por una hora durante mi almuerzo de los miércoles. Estas mujeres son fervorosas. Nuestro único propósito para esta hora es orar y relajarnos junto a Jesús. La vulnerabilidad es un regalo respetado y gratuito en este grupo.

Un día en particular, cerca del Día de Acción de Gracias, escuché a estas damas mientras compartían sobre sus vidas con total honestidad. Escuché más allá de sus palabras y pude ver corazones fervorosos buscando un amor que los desbordara. La mayoría de estas mujeres ya vivían el "sueño americano"; para estándares mundanos, lo tenían todo. Pero ellas sabiamente comprendían que había muchas cosas más importantes. Mientras escuchaba, mi corazón se volvió hacia sí mismo.

Cada una de nosotras experimentaba situaciones de vida muy diferentes, pero nuestros corazones estaban clamando por la misma cosa... queríamos relajarnos. En ese momento, Dios claramente me dijo que yo no estaba disfrutando de las maravillosas bendiciones que Él estaba poniendo en mi vida, ¡porque yo estaba tratando de definir las bendiciones de acuerdo a mi lista de bendiciones aceptables! Las bendiciones de Dios para mí no se encontraban en mi definición, sino en Su creatividad.

Relájate, Victoria, ¡tu vida es un gran campo abierto! Tus decisiones determinan con qué se llena ese campo. Tienes el privilegio de elegir tu sueño. Utiliza tu creatividad, tu éxito y tu definición de lo que es importante. Es tu sueño. Fuiste creada como un ser único y tienes un propósito de vida muy especial.

Relájate, sobreviviente, ¡tu vida es un gran campo abierto también! Tus decisiones determinan con qué se llena ese campo. Puedes elegir tu sueño. Utiliza tu creatividad, tu éxito y tu definición de lo que es importante. Es tu sueño. Fuiste creado como un ser único y tienes un propósito de vida muy especial.

Cuando dejo de guiarme por el éxito predefinido, tengo la libertad de triunfar en el ámbito del *dar*, que se basa en mi creatividad personal. Abrazo la libertad. Elimino la expectativa. Construyo caminos que importan para mí. Aprovecho la energía haciendo cosas que son naturales para mí.

Tu vida no es definida por otros. Ellos no toman tus decisiones. Tu vida, tu historia, es creada por tus decisiones.

Tomemos, como ejemplo, este libro. ¿Qué pasa si no aprendes a crear límites adecuados? ¿Qué pasa si encontrar inversionistas emocionales es demasiado difícil? ¿Estas cosas harían más difícil la sanación? Sí. Pero, ¿y si encontraras otros caminos de sanación que este libro no ha explorado? ¿Qué pasaría si los libros para colorear para adultos te ayudaran de tal manera que facilitarían tu viaje de sanación? ¿Serían nuestros caminos diferentes? Sí. ¿Estaríamos bien tú o yo? Mientras ambos tomáramos decisiones saludables, ambos estaríamos en lo correcto, con enfoques especiales y únicos.

Tomemos un momento para reflexionar en dónde estamos hoy. Necesitarás cuatro cosas: (1) tu estado bancario, (2) tu agenda, (3) tu teléfono y (4) tus emociones. Ahora, realiza este ejercicio cuatro veces, una por cada cosa enumerada. Determina lo que cada objeto te indica como lo más importante. ¿Cómo utilizas tu dinero? ¿Cómo dispones de tu tiempo? ¿Con quién hablas con más frecuencia? ¿Qué es lo que realmente importa para tu corazón?

Este ejercicio te dará una perspectiva más amplia sobre ti mismo. Las cosas que no están en línea con tu corazón y tu emoción, son simple confusión. Elimina esa confusión. Más allá de las cosas necesarias para sostener la vida, ¿existe la oportunidad de eliminar el exceso y ser más intencional en tu búsqueda por vivir tu sueño? ¿Podrías encontrar la libertad para relajarte mientras persigues las cosas que en tu corazón te identifican como un ser único?

Hay una segunda actividad que ha sido muy poderosa en mi vida en la medida en que aprendí a relajarme y a convertirme en quien Dios me creó para ser. Este ejercicio fue profundamente espiritual e intensamente personal. Elegí realizarlo de una manera muy visual, ya que poder observarlo más gráficamente permitía que mi corazón asimilara mejor el concepto de la actividad.

Esto es lo que hice. Quité todas las decoraciones de la pared de mi dormitorio. Mis nuevas "decoraciones" eran cinco libretas, colgadas a manera de carteles tipo post-it y del tamaño de un pequeño tablero:

El cartel #1 decía: "Dios, Jesús y el Espíritu Santo son..."

El cartel #2 decía: "La Biblia dice que yo soy..."

El cartel #3 decía: "Mis dones y bendiciones únicos son..."

El cartel #4 decía: "Las mentiras y creencias falsas de Satanás que rechazo son..."

El cartel #5 decía: "Las fechas y logros en donde Jesús mostró Su amor en mi vida son..."

Estos cinco carteles fueron determinantes, poderosos e inspiradores, y me enseñaron a reconocer cosas que de otra manera podría haber pasado por alto. Los carteles también me permitieron experimentar la Biblia de una nueva manera. El cartel #1 me llevó directamente a alabar a Dios. Elegí creer las verdades del cartel #2, incluso si aún no comprendía muy bien el concepto. Del cartel #3 aprendí lo que amaba hacer y aquello que me convertía en mi propia persona. Con el cartel #4 detuve patrones de pensamiento negativo que previamente me consumían. Y finalmente, con el cartel #5 me sentí abrumada con mi propósito al reconocer el amor Divino.

Estos dos ejercicios me llevaron a entenderme y a definirme a mí misma. Aprendí que mi vida podía ser vivida por la definición de los sueños que eran, de forma creativa y única, yo. Me liberé de la carga de tener éxito o de recibir bendiciones definidas por alguien más. Mi vida es diferente. Mis pasiones son diferentes. Mi energía estalla cuando vivo en mis pasiones.

Luego, puse mi tiempo, mi dinero y mi comunicación en línea con el deseo de mi corazón. Mis emociones encontraron paz, mientras invertía mi energía realizando cosas que se alineaban con quien yo soy.

Por último, mis carteles me recuerdan que puedo vivir maravillada. Hay tanto bien. El amor desbordante existe en mi mundo en cada momento. Fui creada con un propósito. Soy especial y única. Mis bendiciones y mis dones son muy diferentes a los del resto. Quiero ser yo, no un molde "americano". No tengo que vivir en negatividad y mentiras. No tengo que exigirme. Puedo detenerme, hacer una pausa, escuchar, ver y observar las bendiciones que ocurren a mi alrededor, cada día. No estoy sola. Cuando escucho mentiras o me ocupo demasiado, no me concentro en todas las bendiciones que me rodean.

A medida que me compenetraba con estos ejercicios, esto fue lo que sucedió. Encontré a Victoria. Me encontré a mí misma. Me acepté a mí misma. Aprendí a amarme a mí misma. Me liberé de ser otra persona. Me relajé y aprendí que yo era suficiente.

Aprender a relajarse es un estilo de vida. Es una recompensa. Es la recompensa de poder ser tú mismo. Es la recompensa de crecer, de sanar y de confiar en que tú, con Cristo, eres suficiente. No puedes elegir relajarte hoy. Pero sí puedes elegir tomar la decisión de descubrir quién fuiste creado para ser. Con el tiempo, todas las buenas elecciones que hiciste en tu viaje de sanación, más tu decisión de conocerte a ti mismo, se acumularán y se convertirán en autoaceptación y finalmente, en relajación.

Hoy puedes tomar la decisión de empezar a conocerte a ti mismo. Cuando empecé el proceso para encontrarme a mí misma, mi vida era un desastre. Destinaba mi tiempo a hacer cosas que nunca me definirían. Mi dinero se esfumaba porque no tenía un plan para él. Mi comunicación con los demás era infrecuente y no los hacía sentir importantes. Mis emociones estaban tan reprimidas que no sabía que existían. ¡Pero estaba viviendo el sueño! Estaba ganando buen dinero, utilizaba mi tiempo para conseguir el siguiente ascenso y mi comunicación era clara y directa —aunque sin ninguna conexión emocional—. Para el mundo, era una profesional exitosa. Pero, ¿dónde estaba Victoria? ¿Por lo menos existía? ¿Estaba pasando el tiempo suficiente con la gente que amaba? No es que las cosas que estaba haciendo eran malas. Es que simplemente no tenían un propósito.

La relajación vendrá cuando empieces a vivir tu vida, tu propósito y tus sueños. Sé que la encontrarás. Y no te olvides de Dios. ¿Recuerdas el agujero del tamaño de Dios en tu corazón que mencioné antes? Necesitas colmarlo.

Descansar es un poco más fácil. Es una decisión momentánea. El descanso es muy importante en tu camino hacia la relajación. Relajarse es un estilo de vida. No depende de las cosas que suceden a tu alrededor. Más bien se logra cuando te das cuenta de que tienes la libertad para ser únicamente tú, exactamente quien Dios te creó para ser.

### Actividad con tu Diario

Pasa a las páginas 154–155 y reflexiona sobre los conceptos 6, 7 y 8

# Capítulo Diecisiete: Crece

En este último capítulo, me gustaría pedirte permiso para ser tu mejor amiga, tu mentora, tu mamá o cualquier otra persona significativa en tu vida. Quiero detenerme y abrazarte fuertemente. Quiero que sepas que estoy orgullosa.

Te he observado durante años. He visto que buscas encontrarte a ti mismo. Te he visto luchar por separarte de un pasado que continuamente buscaba devorarte. Te he visto ganar. Te he visto perder. Pero, sobre todo, he visto que nunca te das por vencido.

Sé que en el fondo de tu alma siempre has creído que tenías un propósito. Hoy, el brillo en tus ojos me dice que esta creencia ha entrado a formar parte de la realidad que ahora abrazas.

Me has dicho que tu viaje de sanación era importante. Hoy, tu confianza me dice que has encontrado tu camino. Pareces tener una comprensión clara del impacto que tus decisiones tienen en tu vida. Estás buscando opciones que te lleven a cumplir tus sueños.

A medida que avanzas en tu historia, sigue creciendo. El aprendizaje y la curiosidad siempre te serán de mucha ayuda. El crecimiento ocurre cuando muchos pequeños cambios se acumulan y forman algo poderoso. Cada pequeño paso te lleva a lugares más profundos de tu viaje. Será algo salvaje. ¡Podría ser una locura! Pero será exactamente el viaje que te brinde paz, pasión y energía ilimitada.

Sobreviviente: como una nueva amiga, espero que hayas celebrado con mucha gente. Sé que has crecido mientras realizabas los ejercicios de este libro. ¡Sé que tienes una razón para celebrar! Gracias por permitirme compartir parte de mis experiencias y de mi historia contigo. Creo en ti. Nunca dejes de crecer. ¡Vive tu vida, tus sueños!

**Actividad con tu Diario**

Pasa a la página 155 y reflexiona sobre el concepto 9

# Actividad del Logro 5 con tu Diario Personal
## Aceptando tu Historia

No eres un ser ordinario. Fuiste creado extraordinario, a imagen de Jesucristo mismo. A medida que abrazas tu historia, experimentarás la libertad de ser únicamente tú. Reconocerás las bendiciones y experimentarás la maravilla que existe alrededor de ti, todos los días. Te relajarás y crecerás.

Tu quinta experiencia en el diario te invita a abrazar tu historia —la historia de la victoria—. Es la historia de la bendición de ser únicamente *tú*.

## Concepto #1: El abuso No es mi historia

Crea una lista de experiencias en tu vida que no son parte de tu historia. Tómate el tiempo necesario con cada una de estas experiencias y reconoce que, aunque sucedió, ya no le darás el poder de definir tu vida.

_____

_____

_____

_____

_____

_____

_____

_____

_____

_____

_____

_____

## Concepto #2: Mi historia es creada por mis decisiones

Ahora, haz una lista de las decisiones que has tomado, tanto buenas como malas. Reconoce que estas decisiones son tu historia. ¿Cómo puedes aprender a vivir en la libertad de saber que tus decisiones dirigen tu historia?

_____

_____

_____

_____

_____

_____

_____

_____

_____

## Concepto #3: ¿Fue mi decisión?

Haz una lista de las cosas que aún no comprendes. ¿Fueron esas cosas decisión tuya o no?

_____

_____

_____

_____

_____

_____

_____

_____

_____

## Concepto #4: Las raíces son la bendición escondida en los tiempos difíciles

¿Cómo ha permitido Dios que algo que aprendiste durante un momento difícil se pueda convertir en una atributo positivo en tu vida hoy? Si existen elecciones o comportamientos negativos que aún te hacen sentir prisionero, ¿podría ser que estás atascado en ellos porque tu experiencia todavía tiene demasiado poder? ¿Podrías permitirle a Jesús que te libere?

_____

_____

_____

_____

_____

_____

_____

_____

## Concepto #5: A medida que crezco, mi perspectiva puede cambiar

¿Cómo contarías tu historia hoy?

_____

_____

_____

_____

_____

_____

_____

_____

_____

## Concepto #6: Soy creado a la imagen de Cristo

¿Qué has descubierto sobre ti mismo que es especial, hermoso y único?

_____

_____

_____

_____

_____

_____

_____

_____

## Concepto #7: Las bendiciones de Dios no se encuentran en tus definiciones, sino en Su creatividad

¿Qué bendiciones te ha dado Dios? ¿Cómo te recuerdas aceptar las bendiciones creativas que Dios ha planeado especialmente para ti, y no limitarlo a Él a tu propia definición de bendiciones?

_____

_____

_____

_____

_____

_____

_____

_____

_____

## Concepto #8: Empezando a relajarme

Se mencionaron dos actividades en el capítulo. Ambas fueron diseñadas para ayudarte a abrazar tu corazón y experimentar a ese tú único que Dios creó. ¿Cómo usarás estas actividades para descubrir quién te creó Dios para ser?

_____

_____

_____

_____

_____

_____

_____

_____

_____

_____

_____

## Concepto #9: ¡Crece!

¿Qué libertad y esperanza has experimentado a medida que invertiste tiempo trabajando en este libro a lo largo de tu viaje de sanación? ¿Qué crecimiento estás celebrando hoy?

_____

_____

_____

_____

_____

_____

_____

_____

_____